나무가 하는 말

나무가 하는 말

초판 1쇄 인쇄 | 2023년 07월 25일
지은이 | 최진호
펴낸이 | 이재욱(필명:이승훈)
펴낸곳 | 해드림출판사
주　소 | 서울 영등포구 경인로82길 3-4(문래동1가 39)
　　　　센터플러스빌딩 1004호(우편07371)
전 화 | 02-2612-5552
팩 스 | 02-2688-5568
E-mail | jlee5059@hanmail.net

등록번호　제2013-000076
등록일자　2008년 9월 29일

ISBN 979-11-5634-549-7

나무가
하는
말

삼산 최진호 시집

해드림출판사

Prologue

시 쓰기와 문학의 이정표

지금 시대는 모두가 예술가요, 모두가 문학인이다.
그리고 저마다 평론가다.

서정적인 화. 초. 풍. 월을 주제로 글을 쓰면
뽕짝 시라 하여 천대하고,
예쁘고 아름답게 그린 그림은
사실화라 하여 멸시하며,
알 수 없는 낙서 같은 추상적 그림을
예술적 가치로 높이 평가한다.

이제 예술도 문학도 죽었다 해도
과언이 아닌 성싶다.
이제 올곧은 사람은 이 시대의
낙오자로 만들고…….

과연 저들은 누구인가,
오렌지족이거나 소위 말하는 기득권자들인가?
그렇다면 그들은 이 시대의 선구자인가?

내가 서야 할 자리는 어디인가?
묻고 싶다.

                                                      2023년 여름
                                                         최진호

차례

4 Prologue | 시 쓰기와 문학의 이정표

제1부   나무가 하는 말

14	나무가 하는 말		36	어떤 인연
16	플라밍톤 마켓		37	길
18	사랑		38	떠나간 임
19	이별은		40	가로수
20	기러기		41	어떤 그리움
21	금잔화의 눈물		43	바람 없는 날
22	해후		44	틈새
23	자연		45	계묘년 새해
24	삶		46	마른 눈물의 자애
25	장미꽃		48	오로라의 전설
26	가을		49	하루의 종점
27	못 잊어		50	가을 사랑
28	목화		52	시작의 원리
29	해변의 꿈		53	하늘 능묘
30	사랑의 추억		54	존재의 의미
31	Nomad의 여로		55	Melancholy
32	풀꽃		56	샛별
33	산		57	안개
34	항구의 눈물		58	소야곡

60	잔영	84	잊지 못할 그 사람
61	6월에 피는 장미	85	오늘도 단꿈으로……
62	회고	86	봄이 오는 언덕
63	그리운 날에	87	아비도
64	눈물	88	투석
65	석양에 물든 사랑	90	부서진 사랑의 조각
66	보우랄 튤립 타임	92	바람의 언덕
68	겨울밤 추상	93	당신의 눈물
70	인생무상	94	불 꺼진 창
71	별빛 사랑의 잔영	96	오후의 고독
72	그날의 회상	97	이슬의 나이
73	여명의 꽃 2	98	너는 바람
74	권태로운 날의 Catharisis	99	애가 1
76	바람도 없는 날	100	애가 2
77	우체통	101	갈망처럼
78	행복의 추구	102	C'est la vie
79	그리움 머문 곳	104	비문
80	애증	105	내민 손을 거둘 때
82	이슬	106	한 번만이라도
83	스쳐간 바람	107	숲 속의 명상

제2부   가요 무대

110   가요 무대
112   기다림
114   사무치는 날에
115   그대 생각
116   비어
118   스프링 우드의 무정
119   네가 사랑인 줄 몰랐다
120   사랑에 대하여
122   눈 1
124   풀잎의 마음
126   여름
127   제로 밸런스
128   잔디와 잡초
129   투 크리크 트랙을 밟다
130   성탄절에 드리는 기도
131   그대의 음성
132   새
133   노을
134   나무의 기도
136   어쩌라고
137   백야
138   쪽달
139   성탄의 선물
140   사랑의 환영
141   하얀 바람꽃
142   눈 2
143   Allen Park 공원에서
144   백로
145   흔적
146   추억의 눈
147   바다와 하늘 사이
148   태산준령
149   세월아
150   매화
151   사랑한다는 것은
152   그리움의 끝
154   오늘의 찬가
156   석양
157   가시나무 꽃
158   삶은 계란
160   이별 없는 날
161   걱정

162	마운트 토마	192	좋은 날
164	A moment meditation	193	방황
165	거울	194	술잔의 고독
166	항구의 눈물	195	지는 해처럼
168	데자뷔	196	금시
170	하늘	198	진짜 그리움
171	시인의 고독	199	사랑의 미소
172	세월의 미소	200	강물
174	세월의 강	201	헤어지는 연습
175	전율	202	세상
176	사랑은	203	풀꽃
177	길을 나서다	204	달 1
178	세월의 잔해	205	달 2
180	인연	206	길 2
181	빈자리	207	빨간 십자가
182	빨간 들꽃의 전설	208	세월보다 생각
184	내일	209	사막
186	은빛 석양		
188	비 오는 날		
190	기다림의 끝		
191	사랑 별곡		

제3부 여명의 꽃

212 여명의 꽃
213 나이
214 낙화 1
215 영시의 이별
216 회상 1
217 내일의 틈새
218 가을 편지 1
219 가을 편지 2
220 시인의 고독
221 미련
222 소쩍새 사랑
223 몽환
224 이슬
225 열애
226 촛불
227 그대 그리웠던 날에
228 민달팽이
229 갈대꽃 언덕
230 바다 이야기 1
231 바다 이야기 2
232 임은 떠나갔어도

234 누님 생각
236 가을
237 서럽지 않은 날을 위해
238 바람 없는 날
239 약속
240 추억의 연가
241 안개꽃
242 조어
244 길
245 구름
246 고목의 꿈
247 등산의 미학
248 쌍무지개 뜨던 날
250 하늘호수
251 석양 1
252 하늘 뜻대로
253 양심
254 망향
255 꼬투리 사랑
256 사랑이 여물어 갈 때
257 석양 2

258 사랑

260 봄

261 낙엽

262 화목

263 요람의 달

264 둥지 nest

265 달무리

266 눈물도 그리운 옹진

267 출조의 그날

268 젖은 낙엽

269 하늘 바다

270 설경

271 열망

272 바다는

273 키가 큰 나무

274 사랑은 부탁

275 구름

276 봄바람

278 조어

279 황혼

280 모란

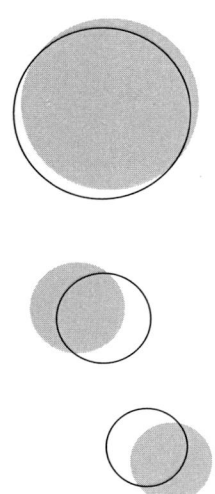

제1부

나무가 하는 말

나무가 하는 말

나무는 가슴이 없다
그러나 길고 깊은
큰마음이 있다

하늘 높고 깊은 것처럼
하늘 그리움 있어
세상 모든 것을 품고
싶다 한다

나무는 하늘과 말한다
화초에 살수를 하듯
비가 와도 좋고
눈이 내려도 좋다고
하늘만큼 높고 싶다고

나무는 사나운 바람에도
이야기한다
나를 흔들어 내가 울지라도
내 품에서 쉬어가라고
나무는 새들과도 속삭였다
내 빈 가지에 횃대를 만들고

둥지도 틀어 네 새끼들도
알뜰살뜰 키우라고

나무는 우리에게도 말합니다
너희가 죽게 된다면
인간을 위해 관을 만들고
그의 영혼을 위해 안식케
하여 주겠노라고…….

플라밍톤 마켓 Flamington Market

오늘은 토요일
장 서는 날
지구촌 온갖 인종들이 모두 모여
풍요로운 삶을 구가하는 날

남녘의 들판이
오세아니아의 해역이
여기에 어우러져 선뵈는 날

밀치고 밀리고
여기는 인종 차별 무풍지대
너도 친구 나도 친구
우정의 하루가 엉키는 날

오후 1시 사이렌 소리
Trolley마다
산해진미가 가득가득
헐값에 기쁨도 가득가득

주차장에 구름처럼 매운 차량들
어느덧 썰물처럼 하나둘 빠져나가고

즐거운 귀갓길은
한 주의 피로가 절로 풀린다.

사랑

사랑은 무색
한여름에
익어가는 수밀도

향기 젖은
부푼 가슴은
침묵하는 애무

그림자 없이도
다가오는
사랑은 언제나
뜨거운 향기

이별은

이별이 서럽더니
그대 떠난 흔적은
구름 위에 실려
하늘에 있나

아련한 추억들은
밤마다 이별되어
베개 밑에 젖어 있어라

언젠가
만남보다야
캄캄한 밤하늘에서
별빛 추억으로
살고지고.

기러기

고향 없어
철새인가
정들자 이별인가

둥지 없는 저 하늘가에
이별은 필연

철 따라가는 길
구만리 길
다시 올 날 기약은 없어도

두고 온 봄은
해마다
오라 하더이다.

금잔화Calendula의 눈물

족적마저 지워진
세월이 까만 밤을
새운다

시간의 잔영은
차마 후회할 수 없어
숱한 시간들을

marigold의 샛노란
눈망울 되어
참지 못할 이변 때문에
너도 울고 나도 울었지

이별은 다만 기약 없는
만남이요
몽환의 잔영이다.

해후

수평선과 지평선은
어디에서 해후를 할까

아마 해변에서 만나면
아무 약속도 없이
바다와 하늘처럼
세월이 된다

아!
하늘 고운 날
나는 먼 산 메아리
소리를 듣는다.

자연

공기는 하늘이 되고
물은 바다가 되었는데
인생은 무엇이 되었다가
존재의 홀씨가 되었을까

아니다
인간은 야훼의 말씀대로
세월과 더불어 살다
흙이 되라 하셨음이다.

삶

삶은
죽음의 필연이다
살고자 함은
영생이 있기 때문이고

죽음은 모든 이에게
노-크 한다.
그래서
죽음은 모든 인간에게
두려움의 상징이다

하지만 믿는 자에겐
영생의 신비로움을 알기에
죽음의 두려움을 극복한다

영생의 기쁨
그것은
영원함으로 가는
찰나이기 때문이다.

장미꽃

사랑보다 아름답고
추억처럼 그리웁다
언제나 향수처럼
길은 멀어도

허기진 사랑
너의 꽃잎에 이울다
아롱진 눈물
너의 볼에 젖으면
상처 같은 내 사랑 하나
고백하고파.

가을

갈잎을 닮아
더욱 짙어진
가을

세월은 노을인 양
석양에 저물어
가을보다
애달프구나

눈가에 젖은 이슬도
가을인 것을
어이 모를까 보냐.

못 잊어

가슴 속에서
흐르는 눈물
그리움 속에
찬란한 별

그 옛날 반추하던
무영의 혼백
그것은

지워지지 않는
너의 마음.

목화

하얀 구름을 떼어 만든
하늘 꽃인가
아!
아름답기보다 애절함이여

하얀 눈꽃
차마 녹일 수 없어
목화송이였더냐.

그리움마다
아련한 하얀 송이송이
한여름 눈꽃이 되었나
아낌없는 사랑
한 줌도 모자란 것처럼
애처로워라

보이지 않는 사랑으로
너를 포옹하고
한 세월 잊혀진 고향에서
내 어미 가슴에
살고파라…….

해변의 꿈

하늘을 열면
별이 보이고
구름 ~ 흘러가면
달이 떠오르네

바다가 기울어지니
석양에 노을빛 어리고
바다의 고요는
아무도 오지 않는
침묵의 서사시

둥지 없는 해조는
고향도 없는 육지에
날개를 접고
무슨 사념에 젖었나.

사랑의 추억

숨어 울던
풀벌레의 구애는
가을 아침 찬 서리에
고체가 되었더라

이루지 못한 그런 사랑
어느 하늘 아래
또 있으랴

열애는 뜨겁다 하지만
냉정한 위선보다야
애틋하지 않은가

사랑은 통곡으로도
이루지 못하리……
뜨거운 가슴뿐이리라.

Nomad의 여로

가을은 애절한
Bohemian의 빨간
Norcism

Diaspora의 신화는
아직 끝나지 않은 여정
산악은 붉은 조락으로
다시 그리운 날에

갈급한 사랑으로
갈무리한다.

풀꽃 Wiled Flowers

황혼보다 요염한
애원의 눈길

헐 ~
마주친 눈빛
발길 멈춘다

오……
여신(ember)의 기도
애타는 정념

너를 만나 속세가
애달프다

눈길마다 정겨운
창조주의 소품
내 가난한 마음
너와 같구나.

산

먼 ~ 산
하늘가에 떠 있고
구름은 하늘 자락
노정에 누워

이제야 열린 하늘
질곡의 세상을 버리고

무심한
산상봉에 파란 깃발
하나 세워

내 가슴 열고
피안의 문을 열거나.

항구의 눈물

속절없는 바다의 끝에서
육지가 시작되고 있었다
땅이 끊어진 자리에서
바다는 주저앉았다

조수에 밀려온 세월없는
부표가
다시 썰물에 밀려간다
자꾸 멀어지다
항구는 쓰러지고
바다는 망망하다

크로스 콘스텔레아션은
오스트레일리아 대륙에
계류하고
이물도 고물도 없는 땅은
항구를 만들었다

섬이 될 수 없는 끊어진 대륙
해조는 지평선 위에서 날았다
수평선은 대륙에서 아득했다

아~
노매드는 땅끝에서 울었다.

주 : cross constelation 남십자성
　　 bow 이물. stern deck 고물

어떤 인연

바람이 불면
그리운 사람이 있고
비가 오면
가슴 저미는 사람도 있다

바람같이 떠나간
사람은
빗물처럼 가슴에 젖어
울고 간 님……

어떤 인연은 기쁨이 되어
하나 되고
어떤 만남은
슬픔이더라

볼 수 없던 오랜 만남
바람같이 달려가
해후를 하기도 하고
마냥 떠나간 님은
슬픔이 되더라.

길

홀로 가는 길
외쪽 길은 멀다
어느 언덕길은
구름도 쉬어가는
나그네 길

끝없이 달려가는
철로 길은
어디로 가나

가다 가다
소실점 되면
사라지는
허무한 인생길

언젠가 나도 너도
가야 할 길
짧아도 멀고 먼
하늘길…….

떠나간 임

망설임 속에 떠나간 임
그냥 갔으면 더 좋았으련만……
어째 그리움 하나
흘리고 가시었나요
떠나간 님
하…
그리워
허공에 매달린 나의 소상
넋을 잃고 통곡합니다
숭고한 사랑나무 하나
거친 바람도 없이
무수한 소망의 잎을
뚝뚝 떨구어냅니다
서러운 단념은 냉정을 되찾고
나목의 곁가지만 잘라냅니다
이제 바람도 머물지 못하는
나목은
허공에 아쉬운 손사래만
저어봅니다
아!
임이시여

저 수평선으로 침몰하는
불덩이가
그대의 잔영으로
시야를 혼란케 합니다
분명 내일은 있지만
한순간을 돌이킬 수 없어
떠나야 하는 것처럼
그대는 갔어도
나는 차마 대문에 빗장을
걸지 못합니다.

가로수

오고 가는
사람 없어도
행길 옆에 도열한
가로수

지나가는 모든 것에
경배를 한다

때론……
새들의 횃대가 되고
둥지가 되며

밤에는 휘영청 밝은 달도
쉬어가며
낮에는 구름도 쉬어가는구나

모두 하늘의 뜻이
거룩하게
하는도다.

어떤 그리움

늘 그랬듯이
둘만 있다가도
어떤 때는 하얀 별로
하나가 되는 때도 있어라

바다와 육지는
함께 있어도 눈물처럼
아리고 쓰릴 때도 있다네
오! 파도여,

우린 때로
헤어져서 그리움이
사무치기도 하고

깊은 갈망으로
기다림 같은
그리움이 있다면

아픔보다
더 깊고 깊은 찡한 사랑도
있었다오.

헤르메스의 추억

시링크스 피리 소리
갈대숲에 들리고
잠들지 못하는 백 개의 눈
님프의 탄식인가

사랑은 고독에 빠져
방황하고
아름다웠던 추억은
갈대숲에서 잠들지 못하네

과거의 사념들은
스펙드럼으로 흩어지고
빛바랜 먼지는
빈자리마다 엉킨다

역풍에 부러진 갈대 소리
지금은 피리 소리에 잠들었다
잠들지 못하는 백 개의 눈망울
공작새 날개 속에 숨었구나

주: 시링크스, 그리스 신화에 나오는 헤르메스의 피리

바람 없는 날

한낮은 뙤약볕이
떨어져
가는 곳마다
빨간 고추가 살을 태우며
익어간다

바다는 바람 없는
고요가 풍어인 양
잔잔한 물결만 열고 있다

바다에 드리운 낚싯대는
허리 굽힌 인사도 없이
시간만 탐한다

바람 없어도 땅거미 지는
오늘은
긴 … …
그림자만
노을 따라 저물고 있다.

틈새

한 세월의 망년이
둥지 없는 참새처럼
짧은 세월의
틈새로 제 몸을 숨긴다

인간의 무리는
바뀌는 세월의 아쉬움을
무너지는 지옥인 양
폭죽을 쏘아대고

살아 있는 하늘과 나
그리고
너

어둠 속에서
다시
떠오르는 태양을
찬양한다
오늘의 새해는
영원할 것처럼.

계묘년 새해

행선지 없는
바람은 머물지 못해
세월에 묶여간다

아직은 보지 못한
백야
전설의 이야기

사무친 그리움
침묵하는 망향
메리 크리스마스
미련만큼이나 분노한
찬란한 불꽃의 환희

그리움 되어 뒤척이다
절로 깨어난
어두운 밤,
해피 뉴~이어!

'계묘년, 2023'

마른 눈물의 자애

성모상 머리에 드리운
물결 베일은
하얀색일까, 검은색일까
반짝이는 눈은
언제나 나를 응시한다

양심은 나의 죄를 고백해도
나
무릎 꿇지 못함은
무거운 죄가 수줍다 함일까
아니야, 세상의 죄를
실감치 못해서 일 거야

성당의 창문은 어째서
투시할 수 없나?
우째, 모자익 틴트 글래스로
감추었을까?
죄와 벌의 상징일까

신과 나의 관계는
피상적일까

체제의 이념처럼
붉은 피와 백혈이 되어
멀기만 한 것은 아닌지?

오로라의 전설 An Aurora Legend

보이지 않는 바닷길
멀고 멀다해도
하늘 구만리
단 한마디 말도 없이
떠나간 님아!

석별의 정도 없이
사라진 오로라의
전설인 양
당신과 나는
가슴앓이 통곡을 했지,

나는 나룻배 없는 차 안에서
너는 강도 없는 피안에서
별이 되고 달이 되면
종점도 시발점도 없는
하늘에서 만날 수는 있을까?

마음만은 눈에서
멀고 멀어도
너와 나,
뜨거운 가슴으로 살자.

하루의 종점

그렇고 그래……
노을빛 하늘이 내려앉고
써카디안은 페이소스(pathos)에 젖어
눈물은 윤슬이 되고
먼 산은 바다에서
침몰한다

족적의 스펙드럼이
땅 끝에서 떨어질 때
아이아코스는
명부의 책갈피를 들춘다

여명에 지워진 별들은
영겁의 유산처럼
오늘 밤에도 탄생의 신화가 된다

현월도 이즈러진 하늘이
덧없다 한들
또 다른 하늘이 없으니
하루는 그만 이별이
되고 만다

Circadian : 24시간 주기.

Aeacus : 그리스 신화, Zeus의 아들(사후 명부의 재판관)

가을 사랑

피어오르는 불꽃이 어찌 너보다 뜨거우랴
타버리고 나면 재가 되는 줄을 누가 모를까
뜨거운 한여름 불꽃을 먹고 자란 푸른 잎들이 낙엽이 되어
뚝뚝 떨어지는 것을 보라
불을 삼키고 이제야 추락할 줄을 어찌 알았으랴
세월이 무심한 줄을 이제야 알고 불이 꺼지면 허무한 연기가
되는 줄도 이제야 알았다

가을이 찬바람에 식어갈 때
그녀의 끝자락을 놓쳐버린 나의 사랑은
산자락에 누워버린 처절한 낙엽처럼
멍든 가슴을 두드리다 피를 토하는구나
푸른 계절을 생각하다 붉은 햇살을
토해낸 낙엽아
너는 그리움의 빈자리가 얼마나 허전함을 알리라
과거를 잊어버리고 추억을 망각하면
사랑의 역사가 여윈 가을빛 낙엽에 머물다 떠나는 것처럼 헐거울까

나는 아직도 떠나버린 너를 생각한다
그러다 조금씩 허물어지다 사라지는
모래성 되어 숭고한 사랑의 여신(ember) 하나를 끼고
살리라
그러나 이제 사랑이라 말하지 않으리

흐르는 물에 떨어진 낙엽처럼 나도
떠나고 싶구나
깊어지는 가을은 겨울이 되고 스산한 바람도 멈추면
외로운 나목처럼 눈꽃 피는 빈 들에서
사랑 하나 버리겠네.

Note : 위의 글은 2015년 여름호 112호 '문학시대'에 게재되었던 글을 발췌하여 올렸습니다.

시작의 원리

새가 하늘이 없었다면
날 이유가 없고
물고기는 물이 없었다면
바다에서 살 이유가 없다

인간은 식물과 동물이
없었다면
존재할 이유가 또한
없었겠지

창조주의 오묘한
원리가 애초에 없었다면
ATLAS는 과연
우주의 누구일까?
바로 'SON of GOD?'
ㅋㅋㅋ…….

하늘 능묘 Paradise Mausoleum

권태로운 타향도
고향도 없는
천국 묘박지(Heaven Anchorage)

헤일수 없는 영겁의
나이에는 미련도 없다

해조의 가지 발자국(Birds branched feet)인가?
미련도 미망도 없이
해변에 찍힌 발자국만
애처롭구나

하늘
구름
바다

존재의 메아리 소리만
원리 속에 갇혀
여명은 아침으로
눈을 뜬다.

존재의 의미

존재하지 않는
사라진 것들과
애원 같은 애증

그것들은 세월마저
무색하고
의식 없는 하늘을
탓한다

공전하는
우주의 원리 실종
죽음의 사망 유희
첨예한 유골의 은둔

문지기 없는
천당 문은 어디에?
GPS를 찾아야 할 때.

Melancholy

나만의 우수가
가슴에 젖는 한낮
멜랑콜리!
우산도 없어
나의 고독만 서럽다

낭만도 없는 빈 도로
무지개 없는 거리마다
하늘도 서러워라

이슬비는 가슴에 젖어
외로움은
잿빛 하늘 되어
물색없이 너도 젖고
나도 젖네

뽀얀 도로에
슬픔 같은 사랑 하나
혼자서 아린 가슴에
젖어드네.

샛별

무너진 억겁
그리고
산과 바다
파편의 세월

쓸고 간 자리
네가 있고 내가 있네

아직은 끝나지 않은
침묵하는 별……
긴긴 세월에

이별도 사별도
아닌
크나큰 샛별이 되었으면.

안개

어제의 외길마저
떨어져 나갔다
사위는 모두 흰 장막이다
바다는 승리의 나팔 불었다
항구는 숱한 언어를 잃고……

시공 속의 머~언 길은
거대한 공용의 그림자가
방황하고
눈부신 햇살은
하늘 위에 갇혀
허기진 아침 단식이다

알 수 없는 예언처럼
백색의 허무는
Necromancer의 독백이 난무하고
숨겨놓은 산맥들은
거대한 용트림을 하며
다투어 분연히 일어난다.

소야곡 A Serenade

달무리 현란한 밤
저물어 가는 밤 기슭에
나
아직 여기에 있다

저 달을 보고 사무친 마음
흘리고 흐른 눈물
얼마이더냐

나 여기 있고
너 여기에 없다

너, 잠들지 못해
두 눈 깜박이든 별밤
몇 해이더냐?

나 여기에 있고
너 여기에 없다

하늘거리는 촛불 아래
기도하던 눈물의 밤

몇 날이었더냐?

인생무상한 날에도
나 여기에 있고
너 여기에 없다

이별이라 말하지 않아도
이별한 날 아득하니

별이 뜨지 않는 밤에도
우리 이별이란 말
하지 않기로 하자.

잔영 Traces Relics

그리웠던
반백 년
여울도 없이 흘러간다
아~ 바람의 세월아!

잔영(Traces Relics)을
그리움으로 밟을 수 있다면

하늘 뜻을 찬양하고
내일의 영광을
환영하여 기도하리라.

6월에 피는 장미

6월이 오면
빠~알간 장미가
가슴 가슴에서
피 멍이 든다

오고 가는 눈길
마주칠 때면
조양도 석양도
가슴 가슴에
불을 놓고

해묵은 수밀도
붉은 볼에도 빨간
장미가 피어나고 만다.

회고 Retrospective

우주의 빗장을 열면
닿을 수 없는
해와 달

그리고 빛나는 별……
바람, 구름, 눈

순정보다 애달파
인생은 서럽거니와
너와 나는 세상의 끈처럼
배꼽을 달고 나왔나

깨달음의 지혜를 받았나
아!
낙엽이 진다
…… 눈도 내리고 있었다.

그리운 날에

희가 그리워진
오늘
모바일폰 번호를
꾹꾹 눌러
보고 싶은 희를 불렀다

머언 이국 하늘에서
하얀 그리움이
불꽃처럼
깨어지고 있을지도……
……
그리움은
멀리 멀리에서
눈시울에 맺힌
눈물일 거야

희야!
그리움이
네 앙가슴에서도
뜨거워질 거야.

눈물

눈물
달랠 수 없는 슬픔

하늘에
먹구름 가득하면
비가 되고

샘물이 고이면
우물이 되고

털어버린 빈 우산 위에
마지막 한 방울
그것은 고독의 눈물

마주친 눈물 같은 사랑
이별의 한 잔 술

눈빛 부서진 잔별
이슬 맺힌 순정
애정은 눈물 같은
뜨거웠던 사랑.

석양에 물든 사랑

사랑이라 말하지 않아도
눈빛은 사랑이라 말하고
그립다 하지 않아도
물결 고운 바다는
자장가로 아기별을 재운다

나 말하리라
뜨거운 밤 없이도
여명은 눈을 뜨고
둥지 없이도 두견새는
산에서 운다

산마루에서
땅거미 질 때면
머언 저녁 바다는
석양에서 해조와 함께
잠이 든다네…….

보우랄 튤립 타임

해발 800미터 보우랄(Bowral) 고원에
숨차게 달려갔다
물어물어 코벨 정원(Corbett gardens)에 이르고
입장료 $4.00에 꽃동산 문을 열었다

105,000 구근이 묻힌
튤립 꽃동산이 천국을 방불케 한다
하늘을 향해 꽃잎은 열리고
무수히 어우러져 함초롬하다
정영
꽃의 나라, 튤립 낙원이라 하겠구나

이지러져 가는 보름달 마냥
야위어진 꽃들이
미안한 듯 나를 본다
그 짧고 화려한 연출은
이제 막을 내려야 하는 스테이지
잊어야 하는 계절의 회안(悔顔)일까

카메라 눈에 잡히는
로맨스그레이

주름진 낭만이
꽃동산 여기저기에
시든 세월을 배회한다.

겨울밤 추상

마음에 풍요가 있는
사람은
함박눈 내리는 날을
미워하지 않으리

저 고운 날을 위해 천사들은
얼마나 힘겨운 눈밭을
갈았을까
싸늘하게 얼어붙은 하늘을
쉼 없이 일구고 또 일구었으리

오늘 밤은 다락방에서
알밤들을 꺼내어
화롯불에 구어
추억 하나를 깨문다

지금껏 살아온 척박한 삶이
오늘 밤은 알밤처럼
노랗게 노랗게 익어만 간다
순백은 하늘 문 열고
하얗게 자꾸만 쏟아진다

저 하얀 시간이 마를 때까지
나, 너와 함께 먼길을 걷고 싶다.

인생무상

구름이 어찌
하늘을 덮으며
나뭇가지가 어찌
몸통을 뽑으랴
별들이 높이 있다 해도
하늘 아래 있고
인간이 잘났다 해도
창조주의 피조물인 것을
삼라만상에서
너의 존재는
티끌임을 알아야
어질어짐을
네가 알리라.

별빛 사랑의 잔영

푸른 밤에 흩어진
아련한 추억의 잔해
머~언 하늘에
별이 되어 반짝이네

저 별들은 수없이
윙크를 뿌려주지만
왜 이 밤은
아프도록 외로울까

사랑 없어 어두운 밤이여
나눌 수 없는 꿈속의 사랑
너와 나
애달픈 이름뿐이다.

그날의 회상

해묵은 세월
사랑했다 말하지 말자
그대 떠나고 나 홀로
고독은 사랑도 없더라

은빛 날개 무정토록
사라지고 하늘도
서러운 눈물에 젖었어

그때는 그랬지
무정 두고 가버린 사람
세월에 부탁하면
다시 만날 줄 알았는데

돌아올 수 없는 그리움
부질없어
애증의 그림자만
속절없다 애만 태웠네.

여명의 꽃 2

여명은
희망의 포코스(focus)
꽃으로 피어나는
어둠의 불씨

어제의 몰락을 버리고
새로운 지평으로
떠오르는
미래의 꽃.

권태로운 날의 Catharisis

돌아선 세월은 아득하다
잊혀진 것들은 사라지고
보이는 것은 흔적 없는
그림자뿐

헤아릴 수 없는 영혼의 분광은
안개꽃도 아닌 이슬이었더라

흰 구름은 천 리에 유랑하고
흘러간 세월은
코발트 무심천에 익사하여
여울은 망각으로만 간다

먹구름 천둥소리에
무너지는 가슴들이여
아!
그 누군가가 나를 보았다 하리

영겁에 부서진 악령들
하늘 깨어진 날에
함박눈 되어 소복이 내리면

나 홀로 걷는 발길
애처롭다 해도
이 순간엔 대지와 하늘이
하나 되어 무량하구나.

바람도 없는 날
_낚시 기행

한낮 뜨거운 태양이
내려와
바람을 삼키고 나면
더위는 마른 북어가 된다

바다에 걸친 낚싯대는
고정된 시곗바늘 되어
미동도 없다

땀방울조차도 마르던 날
해거름 따라가다가
벌써 오늘은
기~인 그림자를 밟는다

'Finger crossed!' 받은 인사
처참히 무너지고
오늘은 바람도 없는 날
석양에 비애만 놓고 간다.

우체통

3일 전에
생일 선물 보냈다는
e-mail 받음

4일째, 아직도
우체통은 빈 통

두 번째 이메일,
'수취인 불명'으로
되돌아왔음

열화 통이 된 우체통에
꼭지가 돌았다.

행복의 추구

인고의 파도는
고해를 넘어도
끝없는 파도는
표표하기만 하다

행복의 원산지는
어디인가
미다스 손과 화수분 중
어느 것일까

정상 위에는 하늘
하늘 위에는?
없다

행복은 어디에도
없는 것이 정상이다.

그리움 머문 곳

고요한 하늘에
그리움 하나
낮달은 고독처럼 떴다

무딘 햇살
무너져
파아란 하늘
흐르지 못한
나그네 구름
계류했다.

애증

한때는 그대를
사랑하고 그리워했지만
폭풍처럼 지나간 세월
아직도 그대가 나를 사랑하고
내가 그대를 사랑하는가

이제 그 무엇이
우릴 동여매었는가
그리움도 없고
사라져 버렸는데
즐거움은 있는가

아직도 행복이란 게 남았는가
빈 들에서 무엇을 거둘까
참새가 무리 지어 날아간다

추억 같은 허수아비만
허허로운 대지에 섰구나
바람도 사납게 쓸고 간
자리에는
이삭처럼 홀린

사랑 한 줌도 없어라

이제 무엇으로 당신을 볼까
안녕이라 말하고 싶은
가슴이 아플 뿐이다.

이슬

밤새워 번뇌의
시간 삼키더니
예쁜 꽃잎마다
맺힌 진주 이슬
하지만
끝없는 요절의 윤회.

스쳐간 바람

지울 수 없는 그 이름
음영의 그림자

스쳐간 바람 되어
허기진 가슴에
여문 기억으로 남는다

이제 잊어야 할
그 이름
뒤집어 놓아도
나의 애수가 된다

끝없는 방황
바람 없이도 떠도는
구름 되어
나의 넋으로 머문다.

잊지 못할 그 사람

보고 싶어도 볼 수 없는
사람아
모든 것 버리고 가버린 사람

오로지 남겨놓은 것
하나,
그리움뿐이었네

이제는 유추할 수 없는
만남,
애달픈 사랑

언젠가 영생의
만남을 위해

저 하늘가
아늑한 곳에
우리의 빈자리
비워 두었으면……

나 그때 그대를 뵈오리.

오늘도 단꿈으로……

어제의 단꿈이
오늘도 단꿈이 될 수 있다면
어제가 오늘보다 좋았으니
어찌 세상을 버겁다 할까

밤은 어둡다 하나
평화가 깃들어
날마다 행복 충만하면
은혜로운 삶 되리니

이 세상에 사랑 없다면
난 못 살아요.

봄이 오는 언덕

가슴 시려올 때
서럽도록 울었어

한 줄기 바람은
다정한 속삭임

서럽지도 않은
당신의 눈물은
애수

아지랑이 너울에
실려 오는 봄은

너와 나
애정의 꽃.

*'바람의 언덕'과 내용이 같음

아비도 Albedo

너의 사랑이 푸른빛에
젖는다
무리 진 그리움
음영의 그림자
월광이 춤춘다

Gravity의 무게를 달고
달려가는 별의 나라
고요로운 비애
핑크빛 눈물
가슴에 젖는다

멀어서 그리운 님의
미소
천년 바람이 꿈꾸는
Moon lighting Albedo!

주 : Albedo - 행성에서 발사하는 태양광선의 비율.
   Gravity - 무중력

투석投石

턱 고이고 앉아
대마도 여행 짐 꾸린다는
희아의 생각에 잠겨 본다

왜?
여행 소식을 전할까
부러움을 사고 싶어서?
아닐 거야,
허전한 마음 때문일 거야

물보라 치던 스탁턴
방파제를 둘이 걸었지
입맛 당긴다며 갔던
이스트우드 중국 식당 '얌차',
그것이 아쉬움이고 그리움
이란다

추억은 시간의 공백 속에서
기억 하나를 만져 본다
두 발로 허공을 밟고
네 곁에 가고 싶다

e-mail 하나가
그리움 되는 오늘
물가에 돌팔매질 하듯
외로운 마음 하나
하늘에 투석해 본다.

부서진 사랑의 조각

사랑의 파편은
이별 같은 고통입니다
갈망은 눈물이었죠
방울방울 흘린 눈물
아픔이요 사랑이었어요

이제는 그리움이
가슴에서 일렁입니다
파도가 되어 부서지고
또 부서져도
당신은 나의 사랑입니다

썰물처럼 떠나갔지만
다시 돌아오셔요
그대 없어 너무 쓸쓸해요
홀로된 해변은 언제나
외롭고 고독합니다

그대 돌아오시면
내 사랑 전부를 드리겠어요
당신은 나의 영원한

사랑이니까요

노을빛 비껴간 자리마다
서글프다 서산에 해가
저물어 가네요.

바람의 언덕

가슴 시릴 때
서럽도록 울었어

한 줄기 바람은
다정한 속삭임

서럽지도 않은 당신의 눈물
애수

아지랑이 너울에
실려 오는 봄은

너와 나
애정의 꽃.

*'봄이 오는 언덕'과 내용이 같음

당신의 눈물

그대 매양 서럽다
울어도
반짝이는 눈물 하나
없네

그대 속울음
낙도에 떨어지는 석양인가

물 위에 떨어져 그리움에
흔들릴 때면
벽옥의 눈물 호수에 어린다

이제야 넘쳐흐르는 눈물!
감격으로 터진 봇물이려니
벅찬 가슴 터질 때
솟구치는 기쁨

아침 햇살에 반짝일 때면
쪽빛 하늘은
당신의 고운 마음 하나뿐.

불 꺼진 창

무심과 유심의 간격을
고무줄로 늘려본다
다시 줄어든 허무는
전율 속에서
추락으로 무너지고 만다

불 꺼진 창은
추억으로만 채워지고
홀로된 것들은
시간 속으로 걸어간다

울적한 하루를 뒤집어도
표제만 다를 뿐
단축되지 않은 길은
숨차게 달려야 한다

맥 빠진 오늘의 어둠 속
성냥개비는
초신성(超新星)이 되었다가
자지러지다 꺼지면

무심한 하루가 멀미를 한다.

註 : **超新星**(supernova) - 어떤 항성(恒星)이 진화 마지막 단계에서 폭발함으로써 일시적으로 매우 밝게 빛나는 특별한 별이다. 초신성은 보통 新星보다 1만 배 이상의 빛을 내는 新星이다.

오후의 고독

하루가 접힌
오후
구름은 먼 산 돌아
지평선 위로 눕고
석양을 기다린다

나른한 육신은
바람 타고
구름 위에
눕고 싶다

잿빛 하늘
지친 도시 위에
내려와
오후의 고독을
삼키고 있다.

이슬의 나이

세월은 문지방을 넘고
한숨 돌릴 때
정월 보름달이
내 나이를 셈하고 간다

고개를 넘는 것은
언제나 힘겹고 역겹다
굽이굽이 돌아도
외로운 낙타봉은
만 리에 있다

날(day)이 가고
　달(month)이 가고
　　해(year)가 가고
　세월(passing time)도
　　　함께 가는 이 길

바람길은 물결 위에 춤추고
태양은 궁륭에 떨어져도
요절 이슬은
언제나 꽃잎 위에 눕는다.

너는 바람

바람!
그게 너였어?
어쩌면 온유함보다
매력이 있었어

머물지 못해
구름에 흘러가는 너,
너는 노매드(nomad)

네가 있어
세상에는 불륜의
꽃이 있나 봐

너 없었으면
소돔 땅에 바람
일지 않았을 거야
뭐!

애가 1

나 이제
당신의 마음속에
나를 심고 싶다

한나절이 가고
석양도 저물면
붉은 태양은 잠들어

더 이상 기다림을
버리고 너와 함께
그리움을 삼키리.

애가 2

그럴 줄 몰랐는데
세상은 그렇구나
출렁이다가
쏟아지는 물처럼

내 마음 너만은
알줄 알았지
당신도 그렇구나
아!
꿈이었구나

떨어지던 빗방울이
눈물 일줄이야
실바람이 칼바람인
줄도 모르고

그래도 임은 그립구나
흐르는 강물은
바다에 닿으니
내 마음 매어두면
언젠가 해후하려니.

갈망처럼

그리움 되어 오는
너만의 향기
내 가슴속으로
촉촉이 스며든다

서러움 없이 내리는
빗줄기
내 마음을 실어
오늘은 당신 생각에
젖어본다

아!
웬일인가
오늘은 아득한 그리움
속에서

우산도 없이 그대가
오고 있었어
자박자박 발걸음 소리
내 가슴 두근거렸어
갈망처럼.

C'est la vie

안달하지 마
흐르는 것들은
느린 듯 너무 빨라

시작은 있지만
볼 수는 없어
다만 현재뿐이죠

세월 따라 강물은
변함없지만
기다림 없는 무심뿐이야

하늘을 보세요
무궁하잖아요
내일 없는 잔별은
사라져도

세상은 영원해요
인생은 해와 달처럼
그렇게 살 거예요

C'est la vie!
행복으로 살았으면

주 : C'est la vie - 그것이 인생이다

비문 An Epitaph

하늘과 땅이 거기에 있어
침묵하는 영혼들은
세월 멈추고 있다

발원지 없는 샛강(creek)
굽이굽이 돌아도 갈 곳이 없고
흐르지 못하는 물속엔
숭어 떼만 노닐고 있네

적막은 망자의 언어처럼
고요하기만 한데
부활의 기다림은
하냥 망연하다

슬픔을 땅에 묻어두면
햇살 고운 하늘은
기쁨이 될까

그대 떠난 하늘 아래
난 아직도
세월 밟고 간다.

내민 손을 거둘 때

그리움은 아픔이었다
접어둔 인색한 마음이
내민 손을 거둘 때

나는 위선임을 깨달았다
그건 착각이었어
몽땅 주고 싶었던 마음
망각으로 지워놓고

흔적이 된 상처는
외로움이었다
깨어진 믿음으로
진리 하나를 터득한다.

한 번만이라도

당신은 고향에서
나는 이향에 있어도
세월의 강은
별과 같이 멀리서만 흐르네

어찌지 못하는 사랑 하나
깊은 하늘같이 침묵해도
그 마음만은 지우지 못해

어느 날 한 번이라도
더 보았으면
그 간절한 소망 몰래 키웠다
해산처럼 만나보고 싶다.

숲 속의 명상

저 푸른 숲속으로 가자
초록이 꿈꾸는 생명의 단자가 있는 곳
햇살 머금고 자란 잎과 꽃
산새들의 멜로디가 있는 낙원

자연과 사랑이 어우러진
정령의 눈길마다
들추어 보는 갈피와 갈피
어느 천국이 저토록 아름다울까

아담과 이브의 고향
저 에덴에서
너와 내가 함께
속세의 고향을 버리고
영원히 살고파라

하늘에 들리는 소리 있어 귀 기울여 듣노라

야훼는 나의 목자시니 내가 부족함이 없으리로다
그가 나를 푸른 풀밭에 누이시며 쉴만한 물가로 인도
하시는도다.

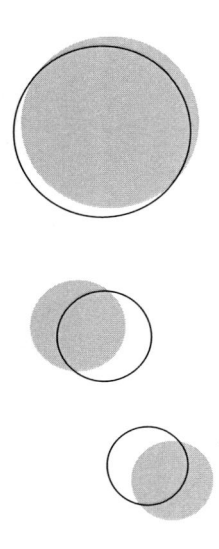

제2부

가요 무대

가요 무대

구성진 노랫가락
가슴을 때리고
내 눈에 눈물 고여
쓰린 가슴 비가 내린다

아련한 추억들이
다투어 되살아나고
가신 님 얼굴 모습
삼삼하구나

덜컹대는 달구지
뒤에 걸터앉아서
흘러가는 구름 벗 삼고
산새 소리 반주하고
불러보던 그 노래들

지금은 가요무대
김동건 아나운서 달변에
고향을 넘나들고
아름다운 추억
꽃 피어

안방마다 가득하구나

가요무대 메아리
산 넘고 바다 건너
오대양 육대주 어디에라도
가슴에 울리는 소리
애달프고 절절하구나

기다림

그립다고 하는 것은
그리움이 아니다
마음만으로 보고 싶다 함도
부질없이 세월만 간다

누구나 하는 말
그리웁다
사랑한다
말은 하지만

핑계만으로
그리움이 될 수 없고
사랑도 될 수 없다

속절없는 기다림은
올 것이 일도 없다
가슴속에 피어나는
사랑은 연기 아닌
불꽃이어야 한다
재가 될 수 없는 것은
그리움도 사랑도 아니다

약속될 수 없는 세월에
남겨두지 말자.

사무치는 날에

태양은 작열하고
대지는 목이 마르다
바람은 어디에도 없고
하늘은 나무 위에서
쓰러져 눕는다

떠나간 것들과
남아서 홀로된 것들은
저마다 쓸쓸한 들녘에서
정지된 시선들만 외롭다

언제였던가
내가 부른 노래는
메아리가 될 수 없어
어느 광야에서 바람이 되었더라

이제는 정 두고 가지 말자
세월마다 사무친 날에
내가 살던 나라는
찬바람 없어도 쓸쓸한
나라였다.

그대 생각

그대 생각
하늘에 가득 찰 때
구름 멈추어 서면
나의 상념 하나
눈물 젖어든다

아득한 수평선
넘을 수 없어
눈물 흐를 때

오늘도 처연한 마음
어느 끝자락에 머물다
바람이 된다.

비어 飛魚/fly-fish

절(temple) 추녀 끝에
매달린 비어는 떠나고 싶다
푸른 하늘보다
거문 창파에 자아를
던지고 싶단다

바람을 흔들어
하늘 풍경을 울려도
단청 아래 극락이
보이더냐?

바다에는 용궁 가는
낙엽 같은 쪽배인들 보이더냐?
심청이 치마폭에 쌓여 던진
인당수는 어드메 있더냐?

심청이 연꽃 되어 오른 곳
바다야 너는 아느냐
보이는 것 무엇이 드냐
오직, 해풍에 갈기갈기
찢긴

황포돛배뿐
바다에도 서러운 날의
그림자뿐이구나.

스프링 우드의 무정
_산행 시

즐거움 끝에서
무거운 발길
이별도 무정하다

함께 할 수 없는 마음
전율할 때
핏빛 노을은 석양에 있다

서녘에 반짝이는 눈물
서러움일진대
떨어지는 별빛도 눈물에 젖으리

그리움 하나 작별되기도 전에
전동차에 몸을 실으니
석양보다 먼저 집에 가리.

네가 사랑인 줄 몰랐다

그대 그리움에 젖어오면
눈물마저 떨어져 깨어지고
맺힌 이슬 은연중에 사라진다

방울방울 굴러 내린 눈물에
돌아선 외면의 바다야
하얀 배 하나 띄워
그대의 해변에 닿고 싶어라

그대가 그리워지는 것은
부서지는 몸부림 때문이다
소리 없이 불어오는
안개의 순정일 거야

사랑은 뼈 아픔일진대
이처럼 애절할 줄 미처
알았다면

그 누가 사랑을 할까
난,
네가 사랑인 줄
몰랐다.

사랑에 대하여

누군가를 위해
탄생한 것은 아닌데
인생은 어찌 사랑의
늪에 빠질까?
어떤 부족함을
채우고 싶은 욕망일까?

아직도 어딘가에는
또 다른 미지의
사랑이 있다
희망보다 갈망 때문에
아름다운 만남을 위해
바람같이 길을 나선다

사랑,
그것은 만남보다는
절체절명의 운명
나를 다 주고 싶은 이유가
확실하기 때문이다
삶의 본질은 사랑이다
아픔이 있고 어려움이 있어도

사랑은 기복 아닌 극복이다
사랑에는 언제나 애틋한
환상이 있기 때문이다.

눈Snow 1

눈이 내리는 산야
아름답지 아니한가!
사랑같이 포근한 눈
자비로움과
인자함
순박함까지
우리 모두는 사랑한다
눈은 인간의 모든 죄악
까지도 덮어줄
아량까지도 있지 않을까
눈은 어찌하여 '눈'이라
이름하였나?
우린 눈(an eyes)이 없다면
세상의 모든 것을 덮어
감추어 주는 것도
눈(the snow)이다
하느님은 때때로 눈으로
우리의 죄를 사하여 줌을
알게 하심이라
깨우침을 아는 자
죄 사함을 받으리라

주여!
우리의 죄를 깨닫게 하여
올바른 세상을 눈, snow로
하여금 볼 수 있도록
인도하여 주시옵소서.
아멘!

풀잎의 마음

원하는 만큼 된다면
파란 하늘이었으면 좋겠어
아니야
흘러가는 구름도 괜찮아

그러나
마음에 멍이 들면
먹구름 되어 슬퍼질 거야

싫다
흘러가는 강물은 어때
한 세상 여울의 노래를
하면서 유랑할 텐데

어라!
강물은 되돌아올 수
없잖아
그건 정말 안돼

차라리 예쁜 아침
이슬이 되는 거야

풀잎에 맺힌 영롱한 진주
어때
정말 멋져

잡초의 질긴 목숨
부지하기보다야
단명해도 찬란한
아침과 함께하면,

무슨 아쉬움이 남겠어.

여름

어제까지
기척도 없던
여름이
복병처럼 튀어나온다

갑자기 쏟아내는
소나기인 양
이마에 흘러 낙상한다

바람은 한 점도 아까워
어딘가로 사라졌다
파란 하늘엔
열병이 도진 태양만
이글댄다

당장이라도 거슬려
죽일 기세다
극과 극

어름 자에 가로금 하나 긋고
여름이 되어
기세가 등등하다.

제로 밸런스 zero balance

손바닥 하나
뒤집을 수 없어
돌아선 마음과 마음

다시 그리워도
끊어진 인연
제로 밸런스

시카다(cicada)는
다시 울지 않는다.

* 시카다(cicada)- 매미, winged chirping insect

잔디와 잡초

잔디는 잡초를 뽑아야
한다고 하고
잡초는 잔디를 잘라내자
한다

어느 것이 옳고
어느 것이 그른가
가늠하기가 어렵다

매일 양보 없는 다툼 속에서
어느 날 길게 자란 잡초와
잔디가 무참하게도

론 모워(lawn mower)로
모두 절단되는 참사를
당했다

도토리 키 재기는 좀처럼
판정이 불가한 게
인지상정이 아닐까.

투 크리크 트랙을 밟다

여명이 투 크리크에서
소멸할 때
솔저 메모리얼 팍의
혼령들은 안개와 함께
꼬리를 지우고 있었다

에코 없는 에코포인트는
주인 잃은 메아리가
로즈빌 브리지에서 하강하여
미들하버에서 자맥질을 한다

허클리 포인트,
로렐라이 언덕엔
지워진 머메이드(mermaid)
전설만 유추할 뿐
벼랑 아래는 카누만 유유자적하다

린필드 동쪽은
태곳적 에덴인 양 풍요롭다
세월의 스케치는 오늘도
우리는 여념(餘念) 없이 세월의
시간에 밟혀갔다.

성탄절에 드리는 기도

탄생은 인생의 첫걸음
이옵니다
그날에 아기 예수 거룩한 밤에
샛별로 오시었습니다

구세주로 오신 주님이시여!
저희를 불쌍히 여기시어
역병에서 구하여 주시옵소서

저희를 악령에서 구원하실 분
오직 주 예수 당신뿐이옵니다
이 거룩한 밤이 아프도록
주 예수님께 회개하고 간구
하옵니다.

그대의 음성

에테르(ether)에서
당신의 음성이 들렸습니다.

바람도 새도 아닌
어떤 갈망 같은
울림이었소

그대의 음성 같은 에코는
애절했지만
사연도 없는 바람이었오.

별들의 속삭임처럼
들리지 않아도 좋소

가슴 시려도
나에게 달려오는
소리면 더욱 좋겠오
그대의 언어를 들으며
침묵으로 잠들겠어.

새

지붕이 없어도
하늘이 저의 집이요
하늘에 소원치 아니하여도
활공하며
하늘이 저의 뜻이더라

어찌하여
새의 머리를 대가리라 하여
업신여길까
우산이 없어도
그의 날개는 비에 젖지 않더라.

노을

노을이 숨은 곳엔
무엇이 있을까
내일을 묻어둔
희망이 있겠지

혹여 지나간
질곡의 세월이
있지는 않겠지

아니야
찬란한 내일의
피안이 기다리고
있을 거야.

나무의 기도

잎 푸른 나무들은
푸른 하늘 우러러 태양을
품어 사랑처럼 온유하다

나무들은 나이는 연륜을 타고
춘하추동 4계를 품는다
직립함은 자존심으로……
굽힘은 풍류를 알기 때문이고
모진 비바람도 품고 산다

덧없는 시간은 어느덧
열매를 맺고
세월을 포옹한다

아픔들은 옹이 되어
옹골진 꿈은 세파를 넘고 넘는다
선은 악을 구축하고
사망 권세 이긴 부활처럼

부드러워도
이 땅에 뿌리내리고

하늘에 있다
나무가 경외함 없이
하늘에 오름은
그의 의지가
하늘을 품고 있음이다.

어쩌라고

목덜미가 마르고
허기진 나날……
모자람이 있는 것도 아닌데
걸신들린 부랑아처럼
흔적 없는 바람으로
어딘가 멀리에서 쉬고 싶다

그래도 어쩌랴
마른 입술이 아메리카노
커피 한 잔이라도 추기고
스크램블 한 접시에
마른 배꼽이라도 달래면,

박쥐 바이러스 19야!
네 갈 곳으로 가거라
저 멀리멀리
나는 너를 제발 손절하노라.

백야

무심한 신비의
아름다움
잠들 수 없는 밤을
위해
백야는 태양을 삼켰다

조양도 석양도
포기된 모진 세월
돌이킬 수 없는 냉정

백야는 세월의
하극상
뿌리 없는 원조.

쪽달

반쪽으로 깨어져서
아픈 하늘이 있다
흐를 수 없는 눈물이 모여
가슴으로 흐를 때
흐느끼던 서러운 밤
눈물 없는 맹인의 안구처럼
하얀 달이 되었어라.

성탄의 선물

하느님이 우리에게
주신 귀한 선물로
'영생'을 주셨네

영생을 복음으로
주시고
믿음으로 갚으라 하셨네

성탄은 아기 예수를
선물로 주신 거룩한 날
우리 모두 주님의
뜨거운 은혜 받고
영생을 누리세

영광, 영광……
Hallelujah!
Merry Christmas

사랑의 환영

너무 멀어서 그리움일까
만남이 멀어서 그리움인가
마르지 않는 눈물은
환영이겠지

잡을 수 없는
무지개의 꿈을 좇아
오늘도 나 여기에 섰네

외로움만은 아닐 거야
그 무엇이 그대를 불망하여
하늘에 먹구름만 쌓일까

추억이란 그림자가
가슴을 누를 때
못 견디게 그리운 날이 있다

다 갈 수 있는 길은
보이지 않고
견딜 수 없는 아득함
그것이
그리움인 것을 알았어.

하얀 바람꽃

벼랑 끝에서
잉태한 고난의 꽃
시들지 않는 바람의
꽃

아무런 바람도 없는
바람의 꽃
등진 세월의 유산
향기도 없어

오늘도 바람 속에
하얀 적삼
옷고름 휘날리는
너는 바람의 꽃

너의 미소가
그리워
실바람도 엉킨다.

눈Snow 2

눈
따뜻한
사랑의 정감

하늘은 설기
영겁의 조각
정토의 순백

사랑의 속삭임
하얀 족적의 순정
아득히 사라진 길

다시 쌓이는 눈
하늘, 땅의 거룩함
성당의 종소리 들린다

아베마리아!
주님의 은총이
하염없이 내린다.

Allen Park 공원에서

Lane Cove 리버는
흐르지 않는 고요가
세월을 잡고
바람은 숨을 멈춘 채
아침을 연다

숨 가쁜 송년의 아침은
천년의 족적을 남겨둔 채
멈출 수 없는 연륜의 수레를
또 돌려야만 했다

조락을 거부하는
신록의 12월······
새로워질 수만 있다면
누더기를 벗고 싶다

내가 세월을 보내는가
세월이 나를 밀어내는가
풀 수 없는 해법
Kookaburra조차
침묵을 한다.

주 : 쿠카부라는 호주에만 서식하는 부엉이과의 새

백로

하늘 뭉게구름 하나
파아란 들녘에 내려와
신성인 양 거닐다

바람 자는 날에
하늘 솟구쳐 오르면
구름 나그네

내 마음 하나
함께 오르면
나도 구름이더라

그 모습
내 베갯머리에
수를 놓으면
나 절로 신선
이더라.

흔적

1. 망년
   잃어버린
   세월의 조각

2. 망각
   떠나간 의식의
   수준

3. 망년과 망각은
   뿌리째 뽑힌
   정신머리

   1+2+3은
   모두 잊혀진 세월의
   흔적
   남은 것은
   망령(dementia)뿐

* 여러분! 실망하지 마시고 모두 만수무강하세요.

추억의 눈

하얀 눈이
펑펑 쏟아졌다
살며시 창문 열어 보아도
그 누구도 없는
새하얀 밤

시야만 포갤 뿐
갈 곳 없는 밤만
잿빛 하늘에 헤맨다

오늘도 해묵은
세월 하나
허공에 떠돌다 꿈길에 선다

내일은 저 눈길 위에
누군가
외로운 발자국
남겨두었다면

그 하얀 길 위에
나도 그렇게 함께
걸었으리.

바다와 하늘 사이

풀과 나무
바다와 하늘
그리고
구름과 나
동행을 한다

예부터 저 고성(old castle)은
만(Bay)이 되었고
미들 하버(Middle habour)는
해자(a moat)였다
Water track의 끝에서
바다 위를 걷는다

수시로 와도
발길 물리지 않는
슈거 로프(sugar-loaf)의
달콤한 추억
발길 닿을 때마다
유산이 된다.

태산준령

나그네 없는 길
외길만 멀다더니
어느 언덕에 홀로 가는
구름 나그네

두 줄기 철로길
어디로 갈까
한참을 가다가
소실점 하나가 되면
하늘이 되더라

세월도 가다가 멈추면
어느 하늘가에 멈추었다
태산준령을 넘을 가보냐

오솔길 하나
숲 속이 그립다 하더니
바람 꼬리 되어
숨더니 흔적도 없다 하네.

세월아

무너지는 세월
안달 맞은 기다림
야위어진 몰골

거울 속에 또 다른
찌든 내가 있다

희망도 절망도 없는
잊혀진 영혼 부재

여울져 가는
강물이면 어떻고
바람에 실려 가는
구름이면 어떠랴

추억을 반추하지 말며
미래를 갈망하지 말자
행복이 너와 함께
있으리,
Carpe diem!

매화

한이 서린
가지마다
애증으로 피워 문
꽃

다시 그리운 날에
봄을 삼키더니
앙큼한
가슴마다
매실이더라.

사랑한다는 것은

사랑한다는 것은
깊은 강 하나를
건너는 것
돌아갈 수 없기에
모든 위험을 감수하는 것

여울 따라가다 보면
굽이치는 물결이 있고
또는
풍랑에 부딪치기도 한다
완만한 물가에 이르러서야
애정은 싹이 트고
꽃이 핀다

간직한 그리움은
모이고 모여서
언젠가 하나가 되고
그러고서야
구름처럼
머~언
여로의 길에 드는 것.

그리움의 끝

하늘에 닿을 수 없는
그리움보다 더 그리운
사람
간절한 마음의 중심에서
한 송이 꽃이 핀다

목마른 사슴은 옹달샘이
그립고
파란 하늘은 하얀
뭉게구름만 그립다

들녘에 핀 꽃은
솔바람 그리워도
하늘 나무는
바람 쉴 곳이 없구나

바다는 산이 가로막아
달려갈 수 없는 곳에
그대가 있어
만남의 그 날이 올 때까지
수평선 아득해

낙조는 거기에서 머물러
내 가슴에 있구나

고독한 밤을 위해
별은 빛나려니……
사랑 머물고 간 자리
사랑의 행로는 멀고 먼 데
어느 세월에 내 끝에
있으려나.

오늘의 찬가

한 줌 햇살도
야위어 갈 때
산 그림자 길게 누워
강물 되어 함께 흐르네

바람도 쉬어가는
갈대밭에
땅거미도 그의 품에
기어들고
해거름 먼 산을 넘는다

부질없는 세상이
어찌 아름다움으로 씻겨갈까
어느 짬에 세상의 여울은
밤으로만 흘러가는데……

별들은 소리 없이 바다에
잠들고
슬픔 없는 생명들이
기쁨이 될 때
밤은 거룩함으로 성숙하고

내일은 침묵으로
잉태하리라.

석양

수평선 아득해서
낙조는 석양에 머물고
그리움 멀어서
어떤 갈망은

생각의 그림자
되어
님의 가슴에
불씨로 남아 있으리

사랑이 머물고 간 자리
끝없는 미래는
어느 무저갱에서
불망의 한을 풀까 몰라

보이지 않는 귀로
못 견디게 그리운 임이여!
세월의 모퉁이에서
애원하노라.

가시나무 꽃

붉은 태양을
삼키고
미망의 그림자를
토해낸
아픈 사랑아

우울한 날에
사랑 없어
시린 마음만 아련하다

아! 당신은
기어코
지울 수 없는
내 사랑

뜨거운 가슴에
피어나는
'가시나무 꽃'

삶은 계란

하늘과 바다와 땅은
Three in One
하늘 없이 살 수 없고
바다 없이도 살 수 없어라
더욱이 땅이 없으면
발붙일 곳이 어디에 있으랴

셋은 저마다
개성 대로이지만
공존이 없다면
우주는 담을 것이 없는
영겁의 빈 그릇

바람 없고
물 없고
산천이 없으니
어찌하여
영생인들 있으리

삶은 계란, 병아리
없는 것처럼

주님 없으면 하늘도
없어라.

이별 없는 날

이별 없이 그리움 없고
사랑 없이 윙크도 없네
외로운 하루는
매어놓은 시간처럼
무료하다

이별 없는 날은
조각구름도 흐르지 않고
하늘은 떠나간 마음처럼
싸늘하다

오늘 같은 날
시인은 슬픈 이야기를
쓰지 않네
하얀 백지 위에
빨간 하트 하나 그려놓았네

바람 없이도
세월은 흐르고
해거름만
아쉬운 세월 하나
놓지고 만다.

걱정

미래를 볼 수 없는
불안한 마음
아픔도 아닌 것이
떼어낼 수 없는
거머리 같은 것

자신의 부족함을
가슴에 숨겨두고
나 홀로 좌불안석

별을 보고 달을 보고
두 손 모아 빌어도
대답은 Zero

오죽하면 왼손바닥에
'王'자를 써놓았을까?

하얀 깃발 하늘에 드리워도
하늘은 천공.

마운트 토마 Mt. Toma

시드니 서쪽
2백 50리
마운트 토마

대륙 곤드와나(Gondwana)는
남십자성 아래
호주에 날개를 폈다

해발 900mt의 알핀은
구름을 두르고
억겁의 숨을 고른다

공룡의 족적을 숨기고
쥬라기 Park은
옛 모습대로

지금은 Botanic Garden으로
새 옷으로 갈아입었다
촉루는 진토되고
세월은 무상하여

Wollemi Pines은
말라버린 공용의 눈물 밟고
마른하늘 찌르고 섰다.

주: Gondwana - 지질시대에 남반구에 있었던 것으로 추정되는 대륙.
쥬라기(Jura ere) : 중생대 마지막 지질시대인 백악기(Mesozoic ere).
Wollemi Pines : 공용 시대의 침엽수로 아직도 호주에서만 자생하는 관목.

A moment meditation

갈 곳 없는 곳으로
가는 것은
나그네의 본능

구름은 행선지가
없다
갈 곳 없는 곳에
길이 있다

세월 가는 곳은
영생불멸의 길
세상 끝은
공백이다

영원한 미래의
종착역
끝없는 미로…….

거울

거울 속은
허물 수 없는
망령의 파노라마
과거를 망각한다

현실만을 전시하고
타인만이 볼 수 있는
나를
내가 나를 본다

과거와 미래 속에서
나는 언제나 타인

나르시시즘과
페시미즘으로
언제나
나는 피사체.

항구의 눈물

속절없는 바다의 끝에서
육지가 시작되고 있었다
땅이 끊어진 자리에서
바다는 주저앉았다.

조수에 밀려온
세월없는 부표가
다시 썰물에
밀려간다
자꾸 멀어지다
항구는 쓰러지고
바다는 망망하다

크로스 콘스텔레이션은
오스트레일리아 대륙에
닻을 내리고
이물도 고물도 없는 배의
하버 하나를 만들었다

섬이 될 수 없는 끊어진 대륙
갈매기는 지평선

위에서만 날았다
수평선 너머 대륙은
너무 멀었다
노매드는 땅끝에서
울었다

주 : 크로스 콘스텔레이션 : 남십자성
    이물 : 선수(Bow). 고물 : 선미(Sterndeck)
    노매드(Nomad) : 방랑자

데자뷔 dejavu

빠른 것도 세월
느린 것도 세월
세월은
가지도 오지도
않는데……

나 스스로가
가고 있는 것을

무엇이 오늘이고
무엇이 내일인가
셔틀버스에 행선지는
없다

구름에 달이 가는가
달이 구름에 흘러가는가
창밖에 가로수가 달리는가
자동차가 달리고 있나……

궁창에 지구가 빠져들면서
해가 떨어진다고 한다

우리는 달리는 인생 열차에서
조금씩 늙어가고 있음을……．

* dejavu(既視感) 다시 보는 연상. 기시감. 곧 어떤 것을 전에 미리 본 것 같이 느끼는 것. 기억 장애의 하나. 실제로 경험하지 않은 것을 마치 경험한 것처럼 생생하게 느끼는 것을 뜻함. 불어에서 파생된 언어임
영역 : the experience of thinking that new situation had occurred before
jamais vu(未視感) 평소에 익숙했던 것들이 갑자기 생소하게 느껴지는 것을 말함. dejavu의 반대현상임.

하늘

뜻 없다 하는 하늘이
어찌 푸르고
어찌
구름 띄워 방랑을 할까

하늘 끝은
어디에 머물고
풀지 못한 세월의 한은
어느 별에
그 마음을 계류했을까

나는 오늘도 잊혀진
갈망 같은 노래를
듣고
보이지 않는 영생의
날개를 본다.

시인의 고독

시인이 고독할 땐
해와 달이
너무 멀리에 있다

시인이 고독할 땐
별들은 물빛
그리움 되어 반짝인다

시인이 고독할 땐
낙조가 눈물에 젖어
애수가 된다

시인은 꽃잎
이슬을 먹고
풀벌레의 소곡을 듣는다

시인이 가난한 영혼을
위해 노래할 땐
애처로운 바람의 연가를
듣는다.

세월의 미소

다그치는 세월이
아껴둔 구정설 마저
데불고 가나
오롯이 남은 쥐뿔같은
추억 하나
동그라미 나이테만 셈하고
간다

손에 쥔 것 없어도
빈손은 태고의 것인 양
빈 가지 흔들고 가는
바람의 심사가 밉다

살아야 할 약속을 지키듯
해변에 선 나무들은
해풍에도 손사래 인사를 한다

잘못을 곱씹어도
후회는 너그럽고
세월은 생과 사를 반추해도
태양은 오늘도 뜨겁다

언젠가 그 이름 지워져도
다른 이름으로 살지 못하는
영원한 혼백의 이름
오늘도 여울져
먼 산 뒤에 숨는다.

세월의 강

편린의 강에
배를 띄워 가면
별빛은 모두
은하강 되고

만남의 여울은
시냇물처럼
정겹다 하누나

세월은 가고 오는데
떠나간 님은
흔적마저도 없구나

무량겁 있다 하더니
어느 세월 붙잡고
통곡을 하면 올까몰라

바람아!
불어라, 어찌 바람 없이
배를 띄우리.

전율

아직도
수줍은 그대가 좋다
눈빛 마주치고 싶은
마음을 알면서
뜨거운 눈길 피한다

함께 있으면 설레는 마음
느낀 대로 하지 못하는
버거운 전율
허허롭구나

그리웠던 날들이
산산 조각되어
열 길 벼랑으로 떨어져
물보라가 된다

이유 없는 반항
피할 수 없는 두 마음
마르지 않는 파란 잎
바람 없어도 마주친다.

사랑은

사랑은
생각하는
철학이 아니다
사랑은 단순해야 한다

용기와 순종이다
그리움보다
행동이 먼저다
사랑의 제물이 되라.

길을 나서다

갈 곳이 없어
나 그냥
길을 나서다
구름에 눈을 씻고
들꽃이 미소 짓는
길

외로운 길
정연한 길
무정하지 않고
다정한 길

멀리 간 임 그리워
붉은 노을과 함께
가는 길
꿈길에서 다시 만나는 길

인생길 멀다 해도
짧은 생애
서성이다 긴 그림자 지는 길
그 길에 내가 있다.

세월의 잔해

해묵은 세월은
테리갈 해변에 계류했다
태평양 검푸른 바다에
홀린 마음 하나
다시 돌아와 해수에 젖는다

수평선 너머 내 고향은
아직도 먼데……
먼 여로,
향수에 젖은
선박들만
묘박지에 묶였다

숱한 시간의 파편들은
모두 어디로 가고
갈 곳 없는 흉상들만
낡은 영상처럼 남았나

엑조틱(exotic)한
리조트(resort) 해변
테리갈

알몸들의 인파!

세파에 부대낀 마음들은
푸른 바다에
오물처럼
헹구어 내고 있구나

주: 테리갈 ~ 시드니 서쪽 해안선, 셀트럴 코스트의 어촌

인연

바람이 불면
그리운 사람 있고
비가 오면
가슴 저미는 사람이 있다

바람같이 떠나간
사람이 있고
비처럼 목메어
울고 간 사람도 있다

어떤 인연은 기쁨 되어
하나가 되고
어떤 인연은
이별 되어 슬픔이 되더라

볼 수 없던 그리운 만남은
바람같이 달려가
가슴에 안기고 싶고
이별 되어 가버린 님은
그리움도 눈물이더라.

빈자리

보이지 않는
비워진 자리
아픔 같은 상처가
서럽구나

어떤 모진 바람이
스쳐 갔더냐
주저앉은 미망의
흔적

헛기침 소리만
언저리에 떠돌다
간다.

빨간 들꽃의 전설

그리움이 쌓였다 터지는
날이 있다
너는 그것을 꽃이라 했지

해거름에 떨어진 석양
밤을 불러오고
하염없는 고운 꿈
하나 잉태했지?

눈 감은 듯 까만 밤은
무엇을 품었을까?
아마 불사조의 하얀 알이
아닐까 몰라

하얀 사념들이 여울 되어
흐를 때
핏빛 순결은

끝없는 세월에
해마다
빨간 꽃으로 피는

풀꽃이 되었다
정말 예쁜 아씨 같은…….

내일

내일이 있다는 건
가슴 벅찬 일이다
내일이 있어
오늘 밤 단꿈을 꾸고
그리움도 간직한다

내일은 또 다른
오늘의 탄생이다
내일이 없는 오늘은
애달픈 사랑도 기다림도 없다

여명은 내일을 위해
발돋음하고
태양은 여명의 무동을 탄다

그렇다
오늘은 허기진 갈망이어도
내일은 풍요 속에
찬란한다
세상은 기다림 없어도
내일은 사랑 하나를 키우기 위해

허전한 영혼의 강을 걷는다
망설임 없는 사랑은
내일을 주저하지 않는다

은빛 석양

어둠이 싫어
붉어진 마음 하나
석양은 하늘 자락 부여잡아도
밤의 고독은
내 고운 꿈 훔치러 간다

석양은 긴 밤 터널을 지나
새 아침에 떠오르는
찬란한 태양 찾아
조양의 라벨을 가슴에 달면
희망은 큰 날개를 활짝 편다

세상은 또
하루의 발걸음을 떼며
고해의 바다에서
피안의 언덕을 찾아
노를 저어서 간다

끊임없는 축의 공전
지나면
어느새 새하얗게 희어진

검어진 머리
나도 은빛 석양에
물들어 간다.

비 오는 날

비 오는 날이
가장 기쁜 날이었으면 좋겠다
모든 슬픔 쏟아내고
비워진 마음
아름다운 무지개였으면 좋겠다

잊을 수 없는 아픔을
잊어야 하는 것은
눈물이다
눈물을 흘리고서야
비 갠 하늘처럼
해맑다

촉촉이 내린 비는
수액을 타고
늘 푸른 나무가 되고
풍요는 세상을 넉넉하게 한다

바라는 것들은
가뭄처럼 메마르나
신기루의 갈증은

사막의 오아시스가
된다.

기다림의 끝

바람은 멈출 수 없어
불고
강물은 쉬어갈 수 없어
흐른다

한 그루의 나무는
세월 기다리다가
키가 자라 하늘에 솟고
어린이는 나이를 세다
어른이 된다

태양은 아침에 떠올라
저녁에 지듯
기다림은 처음처럼
체념의 공간 속으로 숨는다

기다려도 오지 않는
추억은
여울로 흘러가고
갈망은 망각으로 몰락해서
한 줌의 바람에도
눈시울이 뜨겁더라.

사랑 별곡

사랑은 가슴에서
싹이 트고
눈에서 꽃이 핀다

사랑은 그리움에서
시작하고
만남에서 자란다

사랑은 뜨거워서
황홀하고
애무 속에서
하나가 된다

사랑은
애증이 되기도 하고
위선이 되기도 한다

사랑은 둘이서
바보가 되면
환상의 커플이 된다.

좋은 날

삼백예순날
그대가 있어
좋은 날

천상의 비둘기
나래 치는 소리
그대의 속삭임

사랑?
그것은 오직
둘만의 로망…….

방황

티끌도 없는
흔적
돌아선 마음
갈 곳도 없는
방황
가로등 불빛에
젖은 눈물
먼 기억 속에
가버린 추억
생각도 말자
개념 없는 발길에
차이는 미망.

술잔의 고독

붉은 바다가
고블릿(goblet) 잔에서
출렁인다

마음처럼 가득 부어
고독을 가득 채우고
인생을 채운다

어제를 마시고
오늘을 마시면
내일이 보인다

창밖에 성근 별 하나
고독한 술잔에 떨어지면
내 맘도 저물어간다

어느 그리움 하나에
입술에 젖으면
빈 잔 속에
눈물도 고이네…….

지는 해처럼

시를 쓴다는 게
아픈 유산을 쓰는 것처럼
무슨 소용이 있나

도마뱀처럼 제 꼬리 자르고
줄행랑하듯……
남은 것은
허무 일뿐
아무 원망도 없는
하늘처럼
지는 해처럼

아름답고
가난한 세월로 살자.

금시 金時/Campsie

황금 같은 시간들이 머물고 싶어
캠시를 금시(金時)라 부르나

희망에 등 떠밀려
발붙인 이방 지대
동서가 엉켜
현기증에 부대끼고 산다
그래도 풍요로운 자유가 숨 쉬는 곳

바겐세일이 즐비한 골목에 서면
바벨탑에 깨어져 나간
무수한 언어들에 귀가 고생스럽다
손, 눈 그리고 몸으로
소통된 언어에 미소가 흐르고

허영의 유혹에
빈 주머니를 채워야 하는 영혼들
망향에 가슴 비우고
안달 맞은 목구멍엔
마제린이라도 발라
기름기를 채워야 하지 않겠는가

여명(黎明)이 트기 전에
눈 비비고 일어나
자동차 헤드라이트에 불을 켜고
아스팔트를 누비고 가자.

진짜 그리움

그리움마다
애원의 두 팔이 모자라
포옹할 수 없다면

멀어도 짧은 눈빛
별들의
속삭임 같은
사랑의 고백 하나
듣고 싶어라······.

사랑의 미소

고독은 바람이 일고
바람은 시작이 되어
어느 만남이 되더라
그리고 그 만남은
사랑이 되어
동행의 길 위에서 함께 하네

사랑이 정겨움으로 익어갈 때
때론 찬바람도 스쳐 가더이다
사랑이 사무칠 때
마른 잎도 떨어져 애처롭고
그래도 사랑은 도란도란 영글어
햇살 고운 날 미소가 곱다.

강물

졸고 있는 줄 알았다
흐르고 있었다

노래하는 줄 알았다
주절이고 있었다

여울이 세월 되는 줄
까맣게 모르고 있었다

멈출 수 없는 것은
슬픔 아닌 기쁨이 되는 줄을

큰 바다에 이름은
완성이었다.

헤어지는 연습

가을마다
마른 잎, 야윈 가지는
낙조 같은 이별이 되고

스산한 시린 바람도 떠나면
갈 곳 없는 나 그리고 너는
피닉스(phoenix)의 넋이 되어
다시 그리운 계절에 살자

가을은 이별마다
아픔이어도
너는 나는 헤어지는
연습을 하며 살자!

연륜의 꿈은 기어코
다시 오리니…….

세상 The world

까맣다
하얗다
파랗다

쏴아~~
바람 불면
구름도 흐르고
세월도 흘러간다

까치가 울면
까마귀도 울며 날아간다

멀리서 개 짖는 소리
정겹다.

풀꽃

황홀보다 요염한
애원의 눈빛
마주친 풀꽃이여
나의 발길을 멈춘다

여신(ember)의 기도처럼
애타는 풀꽃이여
오늘 너를 만나
속세가 슬프구나

눈길마다 불타는
창조주의 소품이여
내 가난한 마음 같아라.

달 Moon 1

달은 마음의 바다
세상의 기쁨과 슬픔을
담은 동그란 바다

과거는 비워내고
찬란한 미래만 보고픈
희망찬 세월

달은 어머니의
눈물
그의 기도가
발복하는 혼자만의
바다.

달 Moon 2

달빛
암흑의 그림자
지워내고
천년의 요람을
응시하면,
가여운 인생
찬란한 천년에 살고파.

길 The way 2

수평선 넘어 달려온
이온 aeons(영겁)의 여망
또다시 암벽에 부서지는
포말

이제는 게으른
시간에 주저앉아
안달 없는 부표는
찢어진 시간을 꿰맨다

안식 없는 휴식
깨어진 분노만
경이롭다

두려움은
공포를 삼키고
의연하게 길 위에 선다.

빨간 십자가

빨간 십자가
그 누구도 본 적 없다

그녀가 있다면 있다
그녀는 사랑의 소유자이니까
예수의
실체를 본 적 있는가?
없다

당신은 '사랑'이 있음을 알면
예수가 있음도 안다
즉 예수는 사랑이니까

피에타(pieta)를 아는가?
그때 그녀는 하늘을 향해
머리 숙였다
붉은 피가 인간의 죄로 툭툭
떨어졌다
그것은 성혈의 피였다
너희는 모두 사랑하라
그것이
죄 사함을 받는 길이다.

세월보다 생각

커피 향에 피어오른
하얀 향기 위에
세월의 모습을 그려본다

지금은 퇴색된 그리움
그 잘난 추억마저
사라져 간다

생각조차 지워야 할 이름
희미한 안개 속에서
손사래 치는 하늘색

소리 없는 세월은
나이의 두께로만 쌓여간다.

사막

밤은,
슬픔 같은 적막이
사위에 쏟아지고

Scimitar 닮은
초승달 하나 별처럼
까만 하늘에 뜨면

휩싸이고요
차라리 아픔이었다.

주 : Scimitar는 아라비아 사람들의 단도

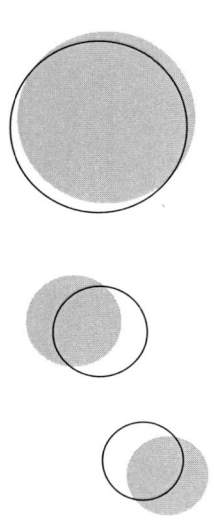

제3부

여명黎明의 꽃

여명黎明의 꽃

여명이 꽃으로 눈을 뜨면
어제는 과거로 사라지고
오늘은 찬란한
광명이 아닌가

어제의 단꿈도 흘러가면
어제보다 오늘이 좋으니
어찌하여 세상을 허무하다 하는가

밤은 어두워도
평화가 깃들어 있고
내일을 사랑하면
날마다 은혜 충만하니

세상에 사랑 없으면
외롭고 괴로워
조양(朝陽)은 여명(黎明)보다 어두우리.

나이 Age

카운트 다운할 수
없는 나이,

언젠가 제로(zero)가 되는 날
짧은 인생은 점(.) 하나
찍히고

너도나도 시간을
셈하지 않는다

너와 나
만날 수 없는 별이 되면
서로가 윙크만 하자

Age is nothing, but a number.

낙화 1

꽃이 피어나면
아름다운 줄을
어찌 모를까

지는 꽃에
내 눈물로 떨구어
지는 것을

꽃잎 떨어지고 나서야
무정도 인생
낙화인 것을……

밤도 깊어 이울어지면
성긴 별도 꽃이 되어
떨어지네.

영시의 이별

과거와 미래는
영시의 종점에서
해후를 한다

추억은 미련이 되어
놓쳐 버린 그리움
애석도 하여라

내민 손 어찌 거두고
너를 보낼까 보냐
한 걸음 다가서지 못한
마음이 서럽다

텅 빈 하늘에 비워진
영원의 마음과 마음
잃어버린 영시의 이별.

회상 The reminiscence 1

그리움은
머언
만남이 있어
해후를 한다

지나간 바람은 되돌아와
또 다른 계절이 되고
그 세월도 멀다

조수는 다시 밀려와
해변이 되고
우정은 다시 두텁다

어찌 우리
가는 세월을 미워하랴
가는 것은 미련도 없어
매정도 하다.

내일의 틈새

어둠이 참새의
둥지처럼 깃들어
고요한 이 밤

산은 숲 속에서
어둠에 묻히고
바람은 나그네 되어
시간 위에 있다

알다가도 모를 세상사
내일은 오늘의 표절로
미래를 만든다

이 세상은 무엇 때문에
세월로 흘러가는지
망각은 역사 위에서
퇴고를 한다.

가을 편지 1

가을 편지를
낙엽으로 부칠 때
어디선가 찬바람이 분다

하늘 높더니
짧아진 햇살
해걸음도 달려간다

갈색 커피 향으로
가을을 덥혀도
기러기는 북녘으로
떼 지어 간다.

웅크린 바람이 불면
빠알간 잎새 하나
가을은 편지로 온다.

가을 편지 2

나는 가을을 편지로 부치면
빨간 낙엽 하나 떨어지고
찬바람이 분다

그녀의 블랙커피는
하얀 가을 향기로
피어오른다

그녀가 깨알 편지를
읽을 때
하얀 눈이 하나둘……
그렇게 내리겠지.

시인의 고독

시인이 고독할 때
해와 달이
너무 멀다 손짓을 한다

시인이 고독할 땐
눈물 젖은 낙조는
애수가 된다

시인이 고독하면
밤하늘의 별도
이별의 눈물로 반짝인다

시인은 꽃잎 위에 놓인
이슬을 먹고
풀벌레의 녹턴(nocturne)을
듣는다

시인은 가난한 영혼을 위해
노래할 때
바람의 연가를 멀리서
듣는다.

주 : nocturne - 야상곡

미련

당신이 내 곁을
떠나고
이별이 서러운 줄
그때야 처음 알았네

차마 너를 잊으랴
그래도
멀어진 그리움
아련하여라

벌써 허전한 마음
서러움 되어
앞서는 것을
이제야 알았네.

소쩍새 사랑

소쩍새 목이 이울도록
울어대더니 날은 저물고

사랑도 병이런가
그침 없는 울음소리
그 밤도 지새우면

사랑에 지치고 정에 겨운
세월도 그렇게 가거늘

달려온 산맥들은
언제나 고요해도
애통하는 풀벌레
그 통곡 소리도 마냥 서럽다

머언 산 깊어서
깊고 깊은 속사정
아무도 모른다고 하네.

몽환

아직도 밤은 깊은데
여명보다 먼저 깨어나
영혼 같은 소박한
꿈을 더듬는다

총총한 별빛은
시간의 산을 넘어
조양처럼 찬란하다

아!
먼길 돌아서온 고해
우화된 나비의 꿈으로
햇살 고운 날에 살자.

이슬

밤새워 번뇌의
시간
삼키더니
예쁜 꽃잎에
진주 이슬
하나 놓았구나.

열애

숨어 울던
풀벌레의 구애는
가을 아침 서리(frost)에
고체가 되었더라

이루지 못한 그런 사랑
어느 하늘 아래 또 있으랴
열애는 뜨겁다 하지만

냉정한 위선보다야
애틋하지 않은가

사랑은 통곡으로
이루지 못하리
뜨거운 가슴으로 하자.

촛불

거룩하여 두 손 모아
기도드리는 불빛
빨간 불꽃은
부덕한 여죄를 태우고
회개하여 광명을 찾으라 하네

촛불은 고통받는
이들을 위해
너 자신을 태우고
하늘에 공덕을 쌓아
천국의 문을 열라하네.

그대 그리웠던 날에

너는 바람
나를 흔들고
지나간다

고적한 날에
네가 그리워
시름에 겹다

떠날 수 없는 열망
너의 시달림이어도
행복이고 싶다

사랑이 아니어도
네 손길만 닿아도
나는 무너지고 싶다.

민달팽이 the slugs

영롱한 아침 이슬이
고운 풀잎에 눈물인 양
어리어 있다

노숙자 민달팽이 하나
이슬에 몸을 적시며
눈을 뜰 때

다이아몬드 붉은 태양은
고층 아파트 밀림 속이
제집인 양 하늘 밀고 나온다

민달팽이야! 너는 전생에
노숙자였더냐? 아니면
부동산 투기로 집을 잃었더냐?

갈대꽃 언덕

내 가녀린 소망 하나
가는 세월에 품고
노을 진 저 하늘에
손짓을 한다

아스라이 머언 하늘
섬섬히 흩어진 구름
무슨 설음 있어
하얗게 서려 있나

하얀 갈대꽃이
서럽도록 흐느적거리던
그 가을에

우린 아무 말 없이
갈대숲을 걸었어!

당신은 기- 인 한숨 하나 흘리고
난 뜨거운 눈물이 흘렀어
이별이 서럽다고
갈대는 서걱이며 울었어.

바다 이야기 1

하얗다
푸르다
거어 엄타

색감마다
철학이 숨었다

쏴아
구름은 바람 따라
흐르고 떠돌다 간다

해조는 발자국마다
바다의 역사를 찍고

세월은 낭만의 바다
이야기를 듣는다.

바다 이야기 2

바다는 무궁한
세월 갈무리
온 세상을 품었다

바다는 창조의
어머니
거기에서 비롯
되었나니

바다는 아담과 이브의 고향
바람이 되고 구름이 되어
에덴에 살았더라

해조는 해변마다
자기 발자국을 남겨도
바다는 과거를 지우고
다시 새롭다.

임은 떠나갔어도

아픈 이별 속에 떠나간 님
그냥 버리고 갔으면 좋았을 것을
어찌 그리움 하나 흘리고 가시옵니까
떠나간 님 하 그리워
허공에 매달린 나의 소상(detailed)
뜨거운 눈물만 흘렸습니다
어느 숭고한 사랑 나무 하나
거친 바람도 없어 무수한 소망의
잎을 툭툭 털어내었습니다
서러운 단념은 냉정을 되찾고
나목의 가지들도 뚝뚝 부러졌습니다
이제는 머물지 못하는 바람 바람……
허공 속에서 빈손이 허허롭습니다
하늘은 보랏빛 연정으로 채색을 합니다
붉은 노을은 서서히 궁륭 속으로
잠식되고
석양은 이유도 없이 떠나갑니다
잃어버린 오늘의 소망과 희망은
아쉽고 그리움으로 마감합니다
그리고 내일의 미래는 새벽종을
기다립니다

몰락한 어제의 잔영은 영원 속에서
또 다른 미래를 편집합니다
그대는 떠나갔어도 나는
차마 애석함을 견딜 수 없어
대문의 빗장을 걸지 못합니다
기다림의 빈 그릇에 밥을 채워놓는 것처럼
나는 당신을 기다릴 것이오.

누님 생각

밤을 울고 간
겨울 빗소리가
누님을 그리워하는
노래되어
어둠에 환영을 띄운다

누님 보고 품에
세월이
손짓을 하고
해마다 그리움 더해지는
노란 장미

팔십이 넘으셨으니
그리움의 눈물이
쓰리게
가슴이 조여 온다

어머니같이
키워온 막냇동생을
눈물로 곱게 싸안으며
천천히

아주 천천히
시장을 도신다.

가을

아! 가을
하얀 도화지에
하얀 기러기
세 마리를 그렸다
머어 언 산을 넘는다
하얀 종지부를 찍고
살아졌다
가을은 시린 가슴이
되고
눈물 한 방울 낙엽 되어
도화지에 떨어졌다.

서럽지 않은 날을 위해

언제나 그리운 날은
외로운 날이다
보고 싶어도 차마
말할 수 없어
어딘가 멀리 떠나고 만다

두고 가는 마음과 마음
언제나 똑같아
둘이서 함께
눈물 삼키는 날이다

다시 올 것을 알기에
무심은 침묵이지만

안쓰러움 함께 하기에
다시는 떠나지 말자 하여도
서럽지 않은 날을 위해

머물지 못하는 마음은
또다시 떠나고야 마는 것을.

바람 없는 날

나에겐
하늘도 없다
바람도 없다

나를 가두어 놓은 것은
외로움이었다

하늘 넓어도
바람 한 점 없는 날
구름도 없다

무한한 하늘에
내 마음은 동그란
우물 속
그리움에 갇혔다.

약속

약속은 하지 말자
만남의 순간은
아름답고 순수하나

헤어짐의 순간은
어쩌면
아름답지 못하다

예사롭지 못한 약속은
상서롭지 못하여
불화를 잉태케 한다.

추억의 연가

헤아릴 수 없는
을씨년스러운 비가
새하얀 이를 드러내고
마른 시간을 갉고 있다

손사래 저어 흔들어도
자꾸만 멀어만 지는 그리움
아득해지는 물빛 향기
창문에 부딪혀 아픔만 서린다

홀로 흩어지는 생의 그림자
너와 내가 함께 할 수 없어
닿을 수 없는 거리에 서면
이별이 되고 눈물도 된다

눈물 자국만 번져가는 유리 벽
이제는 지워지고 마는 그대의
영상, 이름 하나 달지 못한
추억의 연가.

안개꽃 Babys Breath

저 멀리 여명으로부터
먼저 오신 별들의 속삭임으로
완성은 요절보다 짧은 생애

당신은 별들의 속삭임으로
깨어진 꿈의 아름다움
탄생과 마지막은
잃어버린 삶!

바라보는 눈길마다
애처로운 순간마다
너의 숙명은
애처롭고 어여쁜
달무리를 닮은 환상의 꽃.

조어 釣魚
_바다 이야기 3

실바람에 흔들리는 요람처럼
고요하기만 하다
바다에 잠긴 물비늘 햇살은
백사장에 찍힌 발자국들은 연인처럼
다정하기만 하고

칭얼대는 물결 위에 육중한 갯바위는
바다를 지키듯 듬성듬성 서성거리고
앵글러들은 그 위에서 마치 병사처럼
낚싯대를 거머쥐고
바다를 뚫어질 듯 응시한다

낚시는 극기라고 칭한다
대어를 기다리는 긴 시간은
구애보다 어렵고 애타는
인내가 요구된다

아! 임이시여, 드디어 밤하늘엔
초승달이 걸리고 밀려간 조수는
검은 바다를 노출했다

귀로의 발길은 무겁기만 한데
지친 몸을 차에 실었다
빈손! 무거운 마음은 후일을
기약했다.

길

길이 있어도
떠나지 않으면
길이 아니다

고갯마루에
멈추어 쉬지 마라
낭패의 길이 되리니

지름길로 가지 마라
그 길은 갈 곳 없는
맹지의 길이다

해 저물어도
갈 곳을 묻지 마라
진리의 길은 먼 곳에 있다.

구름

흐르는 것처럼
멈춘 것처럼
정처 없이 떠돌다
어디로 갈까

구름은 하늘바다
조각배

어디로 가느냐
묻지를 마라
구름은 목숨 없는
무량의 세월.

고목의 꿈

고목은 늙지 않는다
모진 비바람 걸치고
당신은 절대적으로
굳은 의지로 사는 것……

당신은 죽는다고 해도
부활이 없고
존재의 의식으로만 산다

뿌리는 나락의 땅에
가난한 영혼 하나 묻고 산다

당신의 옹골찬 기다림은
영생의 꿈으로
천년을 살고 전설이 되는 것.

등산의 미학

산에 오르면 산은 말한다
'네가 올 줄 알았다.'라고
나도 산에게 말한다

'너를 밟고야 힘겨워도 행복했노라.'고
이보다 더 안락한 곳
어디에 또 있을까 보냐

오를 수 없는 하늘보다야
침묵하고 정겨운 산이 좋아

그러나
골이 깊으면 메아리도
울리고

산이 높으면 하늘도 높아
천사의 합창도
들을까 하노라.

쌍무지개 뜨던 날

Cooks river의
마른 강줄기 따라
향기 품은 유칼립투스의
외쪽 길을 걸었다
옆에 있던 어떤 여인이
외쳤다

쌍무지개 떴다

행운처럼 저편 하늘에
쌍무지개 걸렸다
쥘 수 없는 것은 눈부시게
아름다웠다
눈에 잡힌 순간의 포착
한 컷의 이미지가

실루엣도 없이 사라지고
허무가 빈손을 쥔다
허탈은 현실 속에서
허기진 공간 채웠고
석양에 잊힌 것들은 애무처럼 살갑다

첫사랑이 그렇고
사라져간 기회마다
추억처럼 허기졌다
보이지 않는 빈 하늘로
사라졌다.

하늘호수

파란 하늘이
내려와 호수를 만들었다
그리고
wooden jetty를 놓았다.

뙤약볕 해변
마음마다 육신은
푸른 하늘 호수에 담는다

바람 없어도 하늘은
서늘한데
엉겨 붙은 더위는
호수에 빠져 하늘이 된다

여름은 무덥다 해도
푸른 하늘호수
내 맘에 담으면 어느덧
가을이 온다.

석양 1

황홀한 석양이
하루를 지우고 있네요
애석함이
눈물처럼 물드는
황혼(黃昏)······
오늘을 이별하자고
석양은 손사래 합니다
더 좋은 내일이 있다고
어제는 모두 잊고
우리 좋은 아침을 찬양해요
안녕하세요
이렇게요!

하늘 뜻대로

익어야 함은
완성이 있고
혹은 조락(凋落)도 있다

바람은 바다 위에서
구름은 하늘 아래서
세상을 관조한다

지구는 우주에서
극락과 지옥을
임의대로……

인간은 예술의 극치로
큰 탑을 쌓는다
드높은 하늘을 향해.

양심

조양(朝陽)이
창문을 두드린다
마주하기 두려운 태양

죄를 지은 수인(囚人)처럼
세상 밖이 부끄러워
내 민낯을 감추고 싶다

허물을 감춘
인간들은
출옥한 자처럼 기쁘다

옳고 그름을
숨긴 어둠처럼 모두가
아이언 커튼을 친다.

그래도 코로나 19 펜데믹은
이겨야 산다며
다투어 페이스 마스크로
나를 감춘다.

망향

작은 ferry가
물살을 가르며
작은 낭만을 하나를 싣고 간다

내 고향 나루터를 닮은
화살처럼 휘어진 해변에
닿고 싶다고

다툼 없이 평화만 있는 그곳
하루를 쉬고 싶어서
잠시 현실을 버린다

고동 소리 없어도 떠나는 배
편린(片鱗)의 바다를 건너
하루를 버리고

나는 노매드(nomad)
잠시 고향 없는
세월을 버리고 떠난다.

꼬투리 사랑

가버린 사랑
이젠 덧없어라
흘러간 시간만
악몽으로 남았구나

사라져 가는 기억
사그라진 모닥불

무엇이 가고
무엇이 남았나
추억은 삶의 잔해

엉키는 혀
언어를 속박하고

남의 침묵은
당신의 말에
온전히 귀를 열리라.

사랑이 여물어 갈 때

바람이 불어야
꽃이 피어나는 것이 아니다
꽃은 계절마다 의지 없어도
스스로 피어날 때를 알더라

새의 둥지에 지붕이 있더냐
지붕 없어도 세월은
새끼를 품고
공중이 저의 것이라 하더라

원앙이 사랑을 알았더냐
흔들리는 바람에 꽃이 피듯
애무가 없어도
때가 이르면 사랑도 여물더라.

석양 2

철없을 때
태양이 수평선 아래로
빠지는 것을 보고 울었다
익사하는 것으로 알았다

여명(黎明)의 동이 틀 때
해가 잠에서 깨어나는 줄 알았다.
교회를 다니며 궁창(穹蒼)이란 게 있음을 알고
석양(夕陽)과 조양(朝陽)의 이치를 알았다

80에 하늘 섭리(攝理)를 깨닫고
삶과 죽음의 세상을 알았다

아직도 알 수 없는 것은
인생은 어디에서 왔다가
어디로 가는지?

그리고 세월의 끝과
나는 누구이고 왜 사는지?

사랑

생각하지 말자
생각나는 것은 사랑이다
그리워하지를 말자
그것은 사랑의 시작이다
사랑은 비주얼(visual)이
아니고 하트(heart)다

미워하지도 말자
애증은 사랑의 징검다리다
비가 내릴 때 우산을 함께 쓰지 말라
애인이 되고 싶은 예비 신호다
사랑은 코비드 19와 같은 펜데믹이다
그의 속삭임은 비말과 같다
거리 두기는 100미터 이상으로 하라
사랑의 언어는 갈라진 뱀의 혀와 같다
감언이설에 속아서는 안 된다
사랑은 새도우(shadow)와 같아
항상 붙어 다니길 원한다
사랑의 트랩에 걸리면 약이 없다
모든 것을 얻었다고 생각하는 순간
내 인생은 도둑맞음과 같다

그래도 좋은 것이 사랑이라 한다
상기하라 믿는 도끼에 발등 찍힌다는
그 말.

봄

봄은 모든 것의
시작이다

희망이다
자유다

모든 속박을 풀고
일어나자.

낙엽

바람이 분다
떨어진다
낙엽이 되었다
밟혔다
부서졌다
끝났다

인생의 행로.

화목

시든 꽃들은 하나둘
떨어지고 있었다
바람도 없는 공간에서
그곳엔 인생의 애절함이
젖어 있었다
하지만, 마르지 않는 가지와,
잎 그리고 뿌리를
기쁨보다 더 큰
희망이 있었다
아직도 마냥 행복한
꽃 세 송이는 말했다.
우린 죽는 게 아니고
쉬었다 가는 거야
우리보다 더 아름다운
예쁜 손길을 만났잖아
꽃보다 더 아름다운 사람들
서로의 만남은
꽃보다 더 화목하니까.

요람搖籃의 달

달은 한밤의 요람이었다
그 속에는
헤아릴 수 없는
기쁨의 참선이 가득 찼다
그녀는 오늘도
달처럼 하얀
동그란 사발 위에
두 손을 모았다
하늘은 항상 긴장스럽고
바보같이 어눌했다
영혼들은
구름인 양 떠돌기도 했지만
미래의 공상은
눈부시게 밝아오는
현실을
저마다 깨닫고 있었다.

둥지 nest

생명은 고귀한 것
그것은
영혼의 홀씨

세상의 부대낌으로
열매를 맺고
완성은 다시

영원의 세계로
처음처럼 하늘이다
그래서

새의 둥지는
지붕이 없다.

달무리 moon cluster

대보름달
어머니의 정화수가
밝고 맑은 마음으로
그윽하게 담겨
그 사랑 하늘에 찬다
아!
오늘은 당신 가슴에
사무치도록 더욱 그립다
목마른 당신의 사랑
내 가슴에 혼백 되어
영생토록 살고지고.

눈물도 그리운 옹진

야속도 하구나
나를 버린 내 고향
70년 옹진
지쳐버린 갈망은
너도 없고 나도 없구나

연평도 망향봉엔
고향 하늘만 어리고
떠나지 못한 그 배는
아픈 세월에 계류되어
편린의 바다만 무심구나

통곡도 목이 메어 운다
가고 싶은 옹진아!
오늘도 구만리 하늘엔
기러기 떼만 평화롭구나.

출조出釣의 그날

기다림은
오고야 만다
조업(釣業)은 시간을 낚고
미래를 섭렵(涉獵)하는 일

기다림은 극기의 투쟁
입질은 전율의 극치
생사의 이방 지대

바램은 행운이 되어
절정 같은 손맛
짜릿한 그 환희
조업은 무아!

젖은 낙엽

바람이 불어서
떨어진 게 아니라
쉰 계절이 등을 밀어서
그래도 바람 타고
사뿐히 안착했지

가을이 가고
겨울이 오며 어찌
마른 잎 고이 간직하리
따스한 봄에 새싹
움틀 때까지 밑거름 되고파

울 엄마가 젖은 낙엽 되지
말라 했는데
땅에 착 들러붙으면
겨우내 통곡하다
이 세상 원망하며
요절한다 했어

아! 눈이 내리네
그리고 내 눈에
눈물 고였잖아.

하늘 바다

하늘에 바다가 있다
그 바다에
내 하얀 마음도 있다

그 하얀 마음은
부표(浮漂)되어 내 꿈길에
유랑도 하고
내 아픈 마음 치유도 하네

사람들은
그 바다를
고향이라 하네.

설경

양지 녘 빨간 낙엽
오순도순 쌓여
곱다 하였더니

어느 잿빛 하늘
하얀 눈을 쏟아내어
고운 설경을 만드니
천국이 따로 없어라

천국 갔다 돌아올
발자국
만들어 두었더니
다시 쌓인 눈에

흔적도 없어

아!
천국에 귀로가
없는 줄을
나, 이제야 알았노라.

열망
_디아스포라

고향이 있으면 무얼 해
오도 가도 못 하는 걸
눈물도 씨가 말랐다
이념에 묶인 발목
이젠 통곡도 없다

열 손가락
접었다 폈다
칠십여 성상
아직도 목메어 우는
디아스포라(Diaspora)
얼룩 됨(Smeared).

바다는

조수(潮水)에 밀려간 바다는
추억도 없어

바다가 쓸고 간 자리엔
낭만 같은 가지 발자국만
종종걸음 되어 어딘가로
사라진다

난 항상 서운하고
비워진 바다는
늘…… 그렇게 황량하다

수평선은 기다림 속에
홀로 빠져들면
석양 속에 잠이 들고 만다.

키가 큰 나무

머물 곳은
어디에도 없고
어디에도 있다
갈 곳 없는 자가
갈 곳이 있고
갈 곳 있는 자가
갈 곳이 없다

바람과 구름은
갈 곳이 많아도
머물 곳이 없어
유랑한다

목이 긴 사슴은
고귀한 관을 쓰고도
깊은 산중에 떠돌아
슬픈 짐승이라 한다

갈 곳은 없어도
언제나 하늘 그리운
뿌리 깊은 키 큰 나무이고 싶다.

사랑은 부탁

얼마나 목이 마르면
뜨거운 마음 하나
가슴에 스밀까

이제는 머물 곳 없어
바람같이
못다 한 사랑
이슬로 젖고 싶다

뜨거운 갈망
아직도 그리워
네 영혼에 머물고 싶다

그 아픈 사랑 하나
부탁한다.

구름

구름은 하늘의 배
갈 곳 없는 세월의 바다에
유랑하는 나그네

석양엔 꽃구름
조양엔 학 구름
섬섬히 돌고 돌아
먼 ~ 언 곳 없어

끝없는 하늘
허공 속에
가는 해 지는 해도 없어
태평 무궁하구나.

봄바람

봄바람 얼매나
뜨거우면 놋젓가락
부러질까 몰라

봄바람 얼매나
세게 불면
긴치마 뒤집어
질까 몰라라

이쁜이 곱쁜이
연지곤지 바르고
봄나들이 간다네

호밋 자루 달래 바구니
어드메 팽개치고
아지랑이 고개 넘어
깊은 산속 숨었나

무얼 하기에 깊은
신음 소리 자꾸만
깊어지는데

봄바람 꽃바람에
여물어가는 사랑 사랑
보리밭 위에 종달새는
하늘 높은 줄도 모르고
높이 높이 솟아오르네.

조어 釣魚 Angling

고독보다 좋은 것은
홀로가 되어
물고기를 낚는 것

바다와 하늘이
만나야 하는 머~언 수평선
그곳은
미래의 민낯

하얀 돛단배 하나
나의 고독을 대신하고
흐르지 않는 구름은
하늘에 섬이 되어

보이지 않는 애절한
사랑 하나 그립다.

황혼

황혼은 지는 것이 아니다
강을 건너가듯
하루를 건너 내일에 닿고자 함이다

늙는다는 것은 황혼처럼
아름답고
속박 없는 자유를 마음껏
누리는 것이다.

모란

화려한 모란이
말없이 지더니
짝사랑에 수줍던
튤립은 절로 고개 숙여라

아쉬운 사람끼리
모여 살다 정이 들어
어쩌다
가슴 시린 이별

거부할 수 없는 섭리가
서러움 될 줄은
이제야 알았다 하네…….